Shabbat in Song

compiled, edited & arranged by
VELVEL PASTERNAK

tara publications

ISBN 1928918-06-9

Printed in the United States of America

CONTENTS

FOREWORD

SHABBAT in SONG has been revised and expanded from an earlier collection, "Shabbat Melodies" published in 1978. Although this new volume includes several secular songs for Shabbat, the collection features selelections set to liturgical texts found in the synagogue service as well as *z'mirot* (table songs) sung in the home during meals on the Sabbath and Festivals. A number of songs are culled from the large Sephardic musical tradition and several appear with their original Ladino texts. While the transliterations reflect the Sephardic pronunciation, the Hassidic songs, in keeping with tradition, have been transliterated according to the Ashkenazic pronunciation. Although the songs are primarily for the Sabbath, many of these liturgical melodies are also sung at Jewish gatherings, weddings and other festive occasions.

V. P.

KEY TO TRANSLITERATION

a	as in c*a*r
ai	as in s*i*gh
e	as in f*e*d
é	as in th*ey*
i	as in p*i*n or m*e*
o	as in f*o*rm or b*o*at
u	as in tr*ue*
'	as in *i*t
ch, ḥ	as in Ba*ch*

SHABAT HAMALKA

Music: P. Minkovsky
Lyrics: H. N. Bialik

Ha-cha-ma mé-rosh ha-i-la-not nis-tal-ka bo-u v'-né-
tsé lik-rat Sha-bat ha-mal-ka hi-né hi yo-re-det ha-k'-
do-sha ha-b'-ru-cha v'-i-ma mal-a-chim tsva sha-lom um'-
nu-cha bo-i bo-i ha-mal-ka bo-i bo-i ha-
ka-la sha-lom a-lé-chem mal-a-ché ha-sha-lom

הַחַמָּה מֵרֹאשׁ הָאִילָנוֹת נִסְתַּלְּקָה
בֹּאוּ וְנֵצֵא לִקְרַאת שַׁבָּת הַמַּלְכָּה
הִנֵּה הִיא יוֹרֶדֶת הַקְּדוֹשָׁה הַבְּרוּכָה
וְעִמָּהּ מַלְאָכִים צְבָא שָׁלוֹם וּמְנוּחָה
בֹּאִי, בֹּאִי, הַמַּלְכָּה בֹּאִי, בֹּאִי, הַכַּלָּה
שָׁלוֹם עֲלֵיכֶם מַלְאֲכֵי הַשָּׁלוֹם

The sun on the tree tops no longer is seen. Come gather to welcome the Sabbath Queen. Behold her descending the Holy the blessed with angels a cohort of peace and of rest.

SHABBAT YOM M'NUCHA

Allegro moderato
Hassidic
Sha-bat Sha-bat yom m'-nu-ḥa Sha-bat Sha-bat ko-desh
Sha-bat Sha-bat yom m'-nu-ḥa Sha-bat Sha-bat ko-desh
ne-rot ḥa-lot yayin l'-ki-dush ha-kol
ha-kol liḥ-vod Sha-bat vod Sha-bat

שַׁבָּת יוֹם מְנוּחָה שַׁבָּת קֹדֶשׁ, נֵרוֹת חַלּוֹת יַיִן לְקִידּוּשׁ, הַכֹּל לִכְבֹד שַׁבָּת.

The Sabbath is a day of rest, a day of holiness. Candles, chalot, wine for Kiddush all are dedicated in honor of the Sabbath.

SABBATH CANDLES BLESSING

Ba - ruch a - ta A - do - nai___ E - lo - hé - nu me - lech ha - o - lam a -

sher ki - d'-sha - nu b'- mits - vo - tav b'- mits - vo - tav v' - tsi -

va-nu v'-tsi-va - nu l'- had - lik nér v'-tsi - va-nu v'-tsi-va - nu l'- had - lik nér v'-tsi -

va-nu v'-tsi-va - nu l'- had - lik nér shel___ Sha - bat

בָּרוּךְ אַתָּה יְיָ
אֱלֹהֵינוּ מֶלֶךְ הָעוֹלָם
אֲשֶׁר קִדְּשָׁנוּ בְּמִצְוֹתָיו וְצִוָּנוּ
לְהַדְלִיק נֵר שֶׁל שַׁבָּת

Blessed are You, Lord our God, King of the universe, who
sanctified is with Your commandments, and commanded
us to kindle the Sabbath lights.

SHABBAT SHALOM

Allegro moderato

A peaceful Sabbath.

Y'DID NEFESH

יְדִיד נֶפֶשׁ אָב הָרַחֲמָן
מְשׁוֹךְ עַבְדְּךָ אֶל רְצוֹנֶךָ
יָרוּץ עַבְדְּךָ כְּמוֹ אַיָּל
יִשְׁתַּחֲוֶה אֶל מוּל הֲדָרֶךָ
יֶעֱרַב לוֹ יְדִידוֹתֶיךָ
מִנֹּפֶת צוּף וְכָל טָעַם.

וָתִיק יֶהֱמוּ נָא רַחֲמֶיךָ
וְחוּסָה נָא עַל בֵּן אֲהוּבֶךָ
כִּי זֶה כַּמֶּה נִכְסוֹף נִכְסַפְתִּי
לִרְאוֹת בְּתִפְאֶרֶת עֻזֶּךָ
אֵלֶּה חָמְדָה לִבִּי
וְחוּסָה נָא וְאַל תִּתְעַלָּם.

הָדוּר נָאֶה זִיו הָעוֹלָם
נַפְשִׁי חוֹלַת אַהֲבָתֶךָ
אָנָּא אֵל נָא רְפָא נָא לָהּ
בְּהַרְאוֹת לָהּ נוֹעַם זִיוֶךָ
אָז תִּתְחַזֵּק וְתִתְרַפֵּא
וְהָיְתָה לָהּ שִׂמְחַת עוֹלָם.

הִגָּלֵה נָא וּפְרוֹס חֲבִיבִי עָלַי
אֶת סֻכַּת שְׁלוֹמֶךָ
תָּאִיר אֶרֶץ מִכְּבוֹדֶךָ
נָגִילָה וְנִשְׂמְחָה בָּךְ
מַהֵר אָהוּב כִּי בָא מוֹעֵד
וְחָנֵּנוּ כִּימֵי עוֹלָם.

Beloved of the soul, merciful Father, draw Your servant unto Your will, that swift as a hart may he run to prostrate himself before Your majesty.

L'CHU N'RAN'NA

Allegro moderato

R. Sirotkin

לְכוּ נְרַנְּנָה לַיְיָ נָרִיעָה לְצוּר יִשְׁעֵנוּ
נְקַדְּמָה פָנָיו בְּתוֹדָה בִּזְמִרוֹת נָרִיעַ לוֹ

Come, let us exult before the Lord: let us shout
for joy to the rock of our salvation.

YISM'CHU HASHAMAYIM

Allegro moderato

Hassidic

יִשְׂמְחוּ הַשָּׁמַיִם וְתָגֵל הָאָרֶץ,
יִרְעַם הַיָּם וּמְלֹאוֹ.

Let the heavens rejoice and let the earth be glad.
Let the sea roar and the fullness thereof.

MIZMOR L'DAVID

et a - mo et a - mo___ va - sha - lom

A psalm of David.
Give to the Lord, O heavenly beings, give to the Lord honor and glory. Give to the Lord the glory due His name; worship the Lord in holy array. The voice of the Lord peals across the waters; it is the God of glory thundering! The Lord is over the vast waters. The voice of the Lord is mighty.

מִזְמוֹר לְדָוִד.
הָבוּ לַיהוה, בְּנֵי אֵלִים, הָבוּ לַיהוה כָּבוֹד וָעֹז.
הָבוּ לַיהוה כְּבוֹד שְׁמוֹ, הִשְׁתַּחֲווּ לַיהוה בְּהַדְרַת קֹדֶשׁ.
קוֹל יהוה עַל הַמָּיִם, אֵל הַכָּבוֹד הִרְעִים,
יהוה עַל מַיִם רַבִּים.
יהוה לַמַּבּוּל יָשָׁב, וַיֵּשֶׁב יהוה מֶלֶךְ לְעוֹלָם.
יהוה עֹז לְעַמּוֹ יִתֵּן, יהוה יְבָרֵךְ אֶת־עַמּוֹ בַשָּׁלוֹם.

II

Andantino maestoso
As sung in Jerusalem
Ha - vu la - do - nai b' - né___ é - lim ha - vu___ la - do -
nai___ ka - vod___ va - oz ha - vu la - do - nai k' - vod___ sh' -
mo hish - ta - cha - vu___ la - do - nai___ b' - had - rat ko - desh kol A - do -
nai___ al___ ha - ma - yim Él ha - ka - vod hir - im A - do -
nai al ma - yim al ma - yim al ma___
yim___ ra - bim___ al ma - yim al ma -
yim al ma - yim___ ra - bim___

MIZMOR L'DAVID III

L'CHA DODI

לְכָה דוֹדִי לִקְרַאת כַּלָּה
פְּנֵי שַׁבָּת נְקַבְּלָה
שָׁמוֹר וְזָכוֹר בְּדִבּוּר אֶחָד
הִשְׁמִיעָנוּ אֵל הַמְיֻחָד
יְיָ אֶחָד וּשְׁמוֹ אֶחָד
לְשֵׁם וּלְתִפְאֶרֶת וְלִתְהִלָּה

Come my friend to meet the bride; let us
welcome the Sabbath. "Observe" and
"Remember," in a single command, God
announced to us. The Lord is One, and his name
is One, for fame, for glory and for praise.

L'CHA DODI II

Moderately

לְכָה דוֹדִי לִקְרַאת כַּלָּה
פְּנֵי שַׁבָּת נְקַבְּלָה
שָׁמוֹר וְזָכוֹר בְּדִבּוּר אֶחָד
הִשְׁמִיעָנוּ אֵל הַמְיֻחָד
יְיָ אֶחָד וּשְׁמוֹ אֶחָד
לְשֵׁם וּלְתִפְאֶרֶת וְלִתְהִלָּה

Come my friend to meet the bride; let us welcome the Sabbath. "Observe" and "Remember," in a single command, God announced to us. The Lord is One, and his name is One, for fame, for glory and for praise.

BO'I V'SHALOM

Moderately
Bo - i v'-sha - lom a - te-ret ba - la gam b'-sim - ḥa uv'-
tso-ho - la toḥ e - mu - né am s' - gu - la bo - i ḥa - la bo - i ḥa -
la bo - L' - ḥa do - di lik - rat ka - la p'- né Sha - bat n' - kab -
la l' - ḥa do - di lik - rat ka - la p' - né Sha - bat n' - kab - la
D. C. al Fine

בּוֹאִי בְשָׁלוֹם עֲטֶרֶת בַּעְלָהּ
גַּם בְּשִׂמְחָה וּבְצָהֳלָה
תּוֹךְ אֱמוּנֵי עַם סְגֻלָּה
בּוֹאִי כַלָּה בּוֹאִי כַלָּה

Come in peace, crown of God. Come with joy and cheerfulness; amidst the faithful of the chosen people. Come, O bride; come O bride; Come my friend to meet the bride let us welcome the Sabbath.

TZADIK KATAMAR

Traditional

צַדִּיק כַּתָּמָר יִפְרָח,
כְּאֶרֶז בַּלְּבָנוֹן יִשְׂגֶּה.
שְׁתוּלִים בְּבֵית יהוה,
בְּחַצְרוֹת אֱלֹהֵינוּ יַפְרִיחוּ.
עוֹד יְנוּבוּן בְּשֵׂיבָה, דְּשֵׁנִים וְרַעֲנַנִּים יִהְיוּ.
לְהַגִּיד כִּי יָשָׁר יהוה, צוּרִי וְלֹא עַוְלָתָה בּוֹ.

The righteous will flourish like the palm tree; they will grow like a cedar in Lebanon. Planted in the house of the Lord they will blossom in the courts of our God. They will still shoot forth in old age; they will be green and full of sap to declare that the Lord is upright; he is my rock, and there is no unrighteousness in Him.

V'SHAMRU

M. Rothblum

V' - sham - ru____ v' - né Yis - ra - él et ha - sha - bat
la - a - sot et ha - sha - - bat l' - do - ro - tam b' - rit o -
lam bé__ ni u' - vén b' - né Yis - ra - él ot__ hi ot hi l' - o -
lam ki__ shé - shet ya - mim a - sa A - do - nai et ha - sha -
ma - yim v' - et ha - a - rets u' - va - yom ha'sh - vi - i u' - va -
yom ha'sh - vi - i sha - vat va - yi - na - - fash.

וְשָׁמְרוּ בְנֵי־יִשְׂרָאֵל אֶת־הַשַּׁבָּת. לַעֲשׂוֹת אֶת־הַשַּׁבָּת לְדֹרֹתָם בְּרִית עוֹלָם:
בֵּינִי וּבֵין בְּנֵי יִשְׂרָאֵל אוֹת הִיא לְעוֹלָם. כִּי־שֵׁשֶׁת יָמִים עָשָׂה יְיָ אֶת־הַשָּׁמַיִם
וְאֶת־הָאָרֶץ. וּבַיּוֹם הַשְּׁבִיעִי שָׁבַת וַיִּנָּפַשׁ:

The children of Israel shall keep the Sabbath, observing the Sabbath
throughout their generations as an everlasting covenant. It is a sign
between me and the children of Israel forever, that in six days the Lord
made heaven and earth, and on the seventh day he ceased from work
and rested.

V'SHAMRU II

Refrain

Cm Fm Cm Fm

V' - sham - ru v' - né Yis - ra - él et ha - sha - bat

Cm Fm 1. Cm Gm Cm Fine

la - a - sot et ha - sha - bat l' - do - ro - tam b'rit o - lam v' -

2. Cm Gm Cm Eb ad lib in recitative style

do - ro - tam b'rit o - lam bé - ni u - vén b' - né Yis - ra - él ot

Gm Fm Cm G7 D.C. al Fine

hi l' - o - lam ot hi l' - o - lam ot hi l' - o - lam v' -

וְשָׁמְרוּ בְנֵי יִשְׂרָאֵל

אֶת הַשַּׁבָּת

לַעֲשׂוֹת אֶת הַשַּׁבָּת

לְדֹרֹתָם בְּרִית עוֹלָם:

בֵּינִי וּבֵין בְּנֵי יִשְׂרָאֵל

אוֹת הִיא לְעוֹלָם

כִּי שֵׁשֶׁת יָמִים עָשָׂה יְיָ

אֶת הַשָּׁמַיִם וְאֶת הָאָרֶץ

וּבַיּוֹם הַשְּׁבִיעִי שָׁבַת וַיִּנָּפַשׁ:

The children of Israel shall keep the Sabbath, observing the Sabbath throughout their generations as an everlasting covenant. It is a sign between me and the children of Israel forever, that in six days the Lord made heaven and earth, and on the seventh day he ceased from work and rested.

SHALOM RAV

Moderately

J. Kleeper & D. Freelander

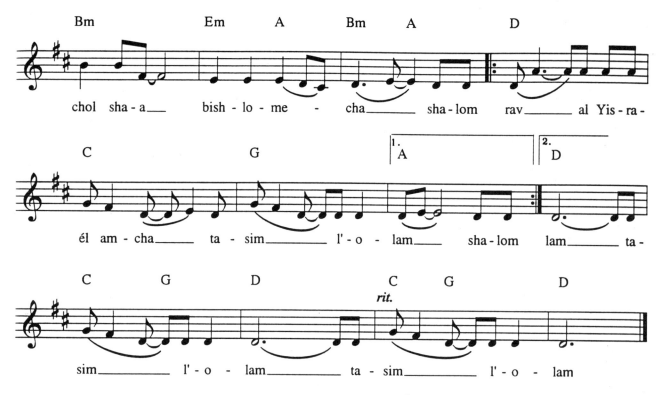

chol sha-a___ bish-lo-me-cha___ sha-lom rav___ al Yis-ra-él am-cha___ ta-sim___ l'-o-lam___ sha-lom lam___ ta-sim___ l'-o-lam___ ta-sim___ l'-o-lam

שָׁלוֹם רָב עַל יִשְׂרָאֵל עַמְּךָ תָּשִׂים לְעוֹלָם,
כִּי אַתָּה הוּא מֶלֶךְ אָדוֹן לְכָל־הַשָּׁלוֹם.
וְטוֹב בְּעֵינֶיךָ לְבָרֵךְ אֶת־עַמְּךָ יִשְׂרָאֵל
בְּכָל־עֵת וּבְכָל־שָׁעָה בִּשְׁלוֹמֶךָ.

O grant abundant peace to Israel Your people
forever, for You are the King and Lord of peace.
May it please You to bless us and to bless all
Your people Israel with your peace at all times
and at all hours.

YIGDAL

Yig - dal E - lo- him chai v' - yish - ta -
bach nim - tza v' - én ét el m' - tzi - u -
to E - chad v' - én ya - chid k' - yi - chu - do ne - e -
lam v' -gam én sof l' - ach - du - to

יִגְדַּל אֱלֹהִים חַי וְיִשְׁתַּבַּח
נִמְצָא וְאֵין עֵת אֶל מְצִיאוּתוֹ
אֶחָד וְאֵין יָחִיד כְּיִחוּדוֹ
נֶעְלָם וְגַם אֵין סוֹף לְאַחְדּוּתוֹ

Exalted and praised be the living God!
He exists; His existence transcends time,
He is One-there is no oneness like his;
He is unknowable-His oneness is endless.

YIGDAL II

Moderato

As sung in Constantinople

Yig - dal E - lo-him chai___ v' - yish - ta - bach

nim - tza v' - én___ et___ el___ m' - tzi - u - to

E - chad v' - én ya-chid k' - yi - chu - do

ne - lam v' - gam én sof___ l' - ach - du - to

יִגְדַּל אֱלֹהִים חַי וְיִשְׁתַּבַּח
נִמְצָא וְאֵין עֵת אֶל מְצִיאוּתוֹ
אֶחָד וְאֵין יָחִיד כְּיִחוּדוֹ
נֶעְלָם וְגַם אֵין סוֹף לְאַחְדוּתוֹ

Exalted and praised be the living God!
He exists; His existence transcends time.
He is One-There is no oneness like his;
He is unknowable-His oneness is endless.

SHALOM ALECHEM

Moderately

S. E. Goldfarb

Sha - lom a - lé - chem mal - a - ché ha - sha - rét mal - a - ché el - yon
mi - me - lech mal - ché ham - la - chim ha - ka - dosh ba - ruch 3 hu
Bo - a - chem l' - sha - lom mal - a - ché ha - sha - lom mal - a - ché el - yon
mi - me - lech mal - ché ham - la - chim ha - ka - dosh ba - ruch hu

שָׁלוֹם עֲלֵיכֶם
מַלְאֲכֵי הַשָּׁרֵת
מַלְאֲכֵי עֶלְיוֹן
מִמֶּלֶךְ מַלְכֵי הַמְּלָכִים
הַקָּדוֹשׁ בָּרוּךְ הוּא.

בּוֹאֲכֶם לְשָׁלוֹם מַלְאֲכֵי הַשָּׁלוֹם
מַלְאֲכֵי עֶלְיוֹן
מִמֶּלֶךְ מַלְכֵי הַמְּלָכִים
הַקָּדוֹשׁ בָּרוּךְ הוּא.

בָּרְכוּנִי לְשָׁלוֹם מַלְאֲכֵי הַשָּׁלוֹם
מַלְאֲכֵי עֶלְיוֹן
מִמֶּלֶךְ מַלְכֵי הַמְּלָכִים
הַקָּדוֹשׁ בָּרוּךְ הוּא.

צֵאתְכֶם לְשָׁלוֹם מַלְאֲכֵי הַשָּׁלוֹם
מַלְאֲכֵי עֶלְיוֹן
מִמֶּלֶךְ מַלְכֵי הַמְּלָכִים
הַקָּדוֹשׁ בָּרוּךְ הוּא.

Peace be with you, ministering angels, angels of the Most High, the Supreme King of Kings, the Holy One blessed be He. May your coming be in peace, angels of the Most High, the supreme King of Kings, the Holy One blessed be He.

SHALOM ALECHEM II

Moderately

S. Brazil

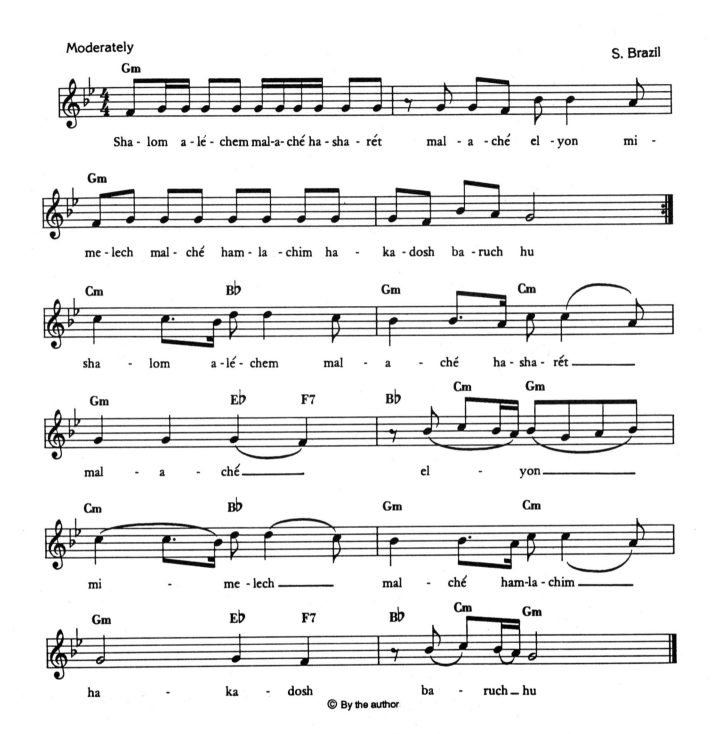

Sha - lom a - lé - chem mal-a-ché ha - sha - rét   mal - a - ché el - yon   mi -

me - lech mal - ché ham - la - chim ha - ka - dosh ba - ruch hu

sha - lom a - lé - chem mal - a - ché ha - sha - rét

mal - a - ché _____ el - yon _____

mi - me - lech _____ mal - ché ham-la - chim _____

ha - ka - dosh ba - ruch _ hu

© By the author

שָׁלוֹם עֲלֵיכֶם
מַלְאֲכֵי הַשָּׁרֵת
מַלְאֲכֵי עֶלְיוֹן
מִמֶּלֶךְ מַלְכֵי הַמְּלָכִים
הַקָּדוֹשׁ בָּרוּךְ הוּא.

Peace be with you, ministering angels, angels of
the Most High, the Supreme King of Kings, the
Holy One blessed be He.

28

SHALOM ALECHEM III

Moderately
Sha - lom a - lé - chem mal - a - ché ha - sha - rét mal - a - ché___ el -
yon mi - me - lech mal - ché mal - ché ham - la - chim ha - ka - dosh ba - ruch
hu Bo - a - chem l' - sha - lom mal - a - ché ha - sha - lom mal - a - ché___ el -
yon mi - me - lech mal - ché mal - ché ham - la - chim ha - ka - dosh ba - ruch hu

שָׁלוֹם עֲלֵיכֶם
מַלְאֲכֵי הַשָּׁרֵת
מַלְאֲכֵי עֶלְיוֹן
מִמֶּלֶךְ מַלְכֵי הַמְּלָכִים
הַקָּדוֹשׁ בָּרוּךְ הוּא.

בּוֹאֲכֶם לְשָׁלוֹם מַלְאֲכֵי הַשָּׁלוֹם
מַלְאֲכֵי עֶלְיוֹן
מִמֶּלֶךְ מַלְכֵי הַמְּלָכִים
הַקָּדוֹשׁ בָּרוּךְ הוּא.

בָּרְכוּנִי לְשָׁלוֹם מַלְאֲכֵי הַשָּׁלוֹם
מַלְאֲכֵי עֶלְיוֹן
מִמֶּלֶךְ מַלְכֵי הַמְּלָכִים
הַקָּדוֹשׁ בָּרוּךְ הוּא.

צֵאתְכֶם לְשָׁלוֹם מַלְאֲכֵי הַשָּׁלוֹם
מַלְאֲכֵי עֶלְיוֹן
מִמֶּלֶךְ מַלְכֵי הַמְּלָכִים
הַקָּדוֹשׁ בָּרוּךְ הוּא.

Peace be with you, ministering angels, angels of the Most High, the Supreme King of Kings, the Holy One blessed be He. May your coming be in peace, angels of the Most High, the supreme King of Kings, the Holy One blessed be He.

ESHET CHAYIL

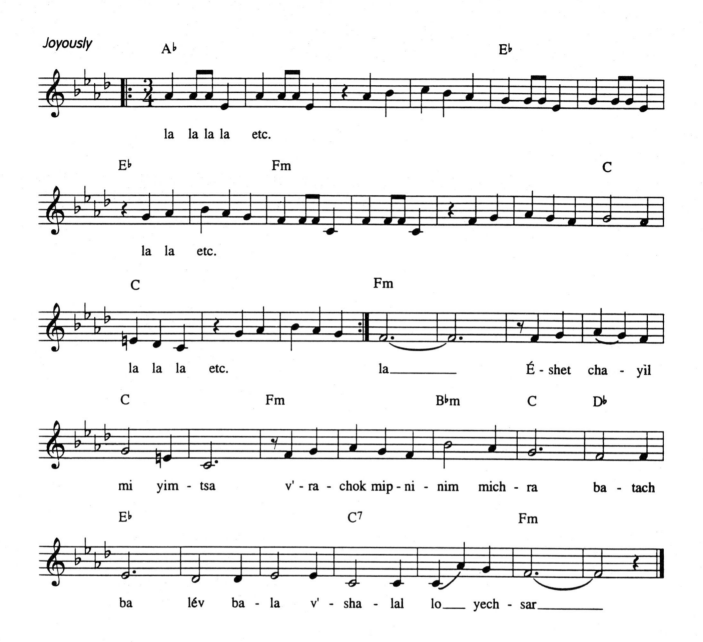

Joyously

la la la la   etc.

la la   etc.

la la la   etc.   la_____   É - shet cha - yil

mi yim - tsa   v' - ra - chok mip - ni - nim   mich - ra   ba - tach

ba   lév ba - la v' - sha - lal   lo__ yech - sar_____

אֵשֶׁת חַיִל מִי יִמְצָא
וְרָחֹק מִפְּנִינִים מִכְרָהּ:
בָּטַח בָּהּ לֵב בַּעְלָהּ
וְשָׁלָל לֹא יֶחְסָר:

A good wife who can find? She is worth far more than rubies. Her
husband trusts in her and never lacks gain.

KIDDUSH

Based on L. Lewandowski

Va - y'- ḥu - lu ha - sha - ma - yim v'- ha - a - rets v'-

ḥol ts'- va - am va - y'- ḥal E - lo - him ba - yom hash - vi - i m'- laḥ - to a - sher a -

sa va - yish - bot ba - yom hash - vi - i mi - kol m'- laḥ - to a - sher a -

sa va - y' - va - réḥ E - lo - him et yom hash - vi - i vay'- ka - désh o - to ki

vo sha - vat mi - kol m'- laḥ - to a - sher ba - ra E - lo - him la - a - sot

Ba - ruḥ a - ta a - do - nai E - lo - hé - nu me - leḥ ha - o - lam bo -

ré _____ p'- ri _ ha - ga - fen Ba - ruḥ a - ta A - do - nai E - lo -

hé - nu me - leḥ ha - o - lam a - sher ki - d'- sha nu b' mits - vo - tav v'- ra - tsa -

va - nu v'- sha - bat kod - sho b'- a - ha - va u - v'- ra - tson hin - ḥi -

la - nu zi - ka - ron l' - ma - a - sé v' - ré - sheet ki hu
yom t' - ḥi - la l'-mik - ra - é ko - desh zé
- ḥer li - tsi - at mits - ra - yim ki va - nu va - ḥar - ta v' - o -
ta - nu ki - dash - ta mi - kol ha - a - mim v' - sha -
bat kod - sh' - ḥa b' - a - ha - va u - v' - ra - tson hin-ḥal -
ta - nu Ba - ruḥ a - ta A - do - nai m' - ka - désh ha - sha - bat

וַיְהִי עֶרֶב וַיְהִי בֹקֶר:
יוֹם הַשִּׁשִּׁי: וַיְכֻלּוּ הַשָּׁמַיִם וְהָאָרֶץ וְכָל־צְבָאָם: וַיְכַל אֱלֹהִים בַּיּוֹם הַשְּׁבִיעִי מְלַאכְתּוֹ אֲשֶׁר עָשָׂה וַיִּשְׁבֹּת בַּיּוֹם הַשְּׁבִיעִי מִכָּל־מְלַאכְתּוֹ אֲשֶׁר עָשָׂה. וַיְבָרֶךְ אֱלֹהִים אֶת יוֹם הַשְּׁבִיעִי וַיְקַדֵּשׁ אֹתוֹ כִּי בוֹ שָׁבַת מִכָּל־מְלַאכְתּוֹ אֲשֶׁר־בָּרָא אֱלֹהִים לַעֲשׂוֹת.

בָּרוּךְ אַתָּה יְיָ אֱלֹהֵינוּ מֶלֶךְ הָעוֹלָם בּוֹרֵא פְּרִי הַגָּפֶן.

בָּרוּךְ אַתָּה יְיָ אֱלֹהֵינוּ מֶלֶךְ הָעוֹלָם אֲשֶׁר קִדְּשָׁנוּ בְּמִצְוֹתָיו וְרָצָה בָנוּ וְשַׁבַּת קָדְשׁוֹ בְּאַהֲבָה וּבְרָצוֹן הִנְחִילָנוּ זִכָּרוֹן לְמַעֲשֵׂה בְרֵאשִׁית. (כִּי הוּא יוֹם) תְּחִלָּה לְמִקְרָאֵי קֹדֶשׁ זֵכֶר לִיצִיאַת מִצְרָיִם: כִּי בָנוּ בָחַרְתָּ וְאוֹתָנוּ קִדַּשְׁתָּ מִכָּל הָעַמִּים. וְשַׁבַּת קָדְשְׁךָ בְּאַהֲבָה וּבְרָצוֹן הִנְחַלְתָּנוּ: בָּרוּךְ אַתָּה יְיָ מְקַדֵּשׁ הַשַּׁבָּת.

YA RIBON

Moderately
Ya ri-bon o - lam v' - al - ma - ya v' - al - ma - ya
ant hu mal - ka me - lech mal-cha - ya me - lech mal - cha - ya
o - vad g' - vur - téch v' - tim - ha - ya sh' -
far ko - da - mach l' - ha-cha-va - ya

יָהּ רִבּוֹן עָלַם וְעָלְמַיָּא
אַנְתְּ הוּא מַלְכָּא מֶלֶךְ מַלְכַיָּא
עוֹבַד גְּבוּרְתֵּךְ וְתִמְהַיָּא
שְׁפַר קֳדָמָךְ לְהַחֲוַיָּא.

שְׁבָחִין אֲסַדֵּר צַפְרָא וְרַמְשָׁא
לָךְ אֱלָהָא קַדִּישָׁא
דִּי בְרָא כָּל נַפְשָׁא
עִירִין קַדִּישִׁין וּבְנֵי אֱנָשָׁא
חֵיוַת בָּרָא וְעוֹפֵי שְׁמַיָּא.
יָהּ רִבּוֹן . . .

רַבְרְבִין עוֹבְדָיךְ וְתַקִּיפִין
מָכֵיךְ רְמַיָּא וְזַקֵּיף כְּפִיפִין
לוּ יִחְיֶה גְּבַר שְׁנִין אַלְפִין
לָא יֵעוֹל גְּבוּרְתֵּךְ בְּחוּשְׁבְּנַיָּא.
יָהּ רִבּוֹן . . .

אֱלָהָא דִּי לֵהּ יְקַר וּרְבוּתָא
פְּרוֹק יַת עָנָךְ מִפּוּם אַרְיָוָתָא
וְאַפֵּיק יַת עַמָּךְ מִגּוֹ גָּלוּתָא
עַמָּךְ דִּי בְחַרְתְּ מִכָּל אֻמַּיָּא.
יָהּ רִבּוֹן. . .

לְמִקְדָּשָׁךְ תּוּב וּלְקֹדֶשׁ קֻדְשִׁין
אֲתַר דִּי בֵהּ יֶחֱדוּן רוּחִין וְנַפְשִׁין
וִיזַמְּרוּן לָךְ שִׁירִין וְרַחֲשִׁין
בִּירוּשְׁלֵם קַרְתָּא דְשׁוּפְרַיָּא.
יָהּ רִבּוֹן . . .

Master of the world and all worlds. You are the King who reigns over all kings. It is wonderful to declare Your powerful deeds.

YA RIBON II

As sung in Jerusalem

Ya ri - bon o - lam v' - ol - ma - ya
ant hu mal - ka me-lech mal - cha - ya o - vad g' -
vur - téch v' - tim - ha - ya sh'far ko - da - mach l' -
ha - cha - va - ya

יָה רִבּוֹן עָלַם וְעָלְמַיָּא אַנְתְּ הוּא מַלְכָּא מֶלֶךְ מַלְכַיָּא עוֹבַד גְבוּרְתֵּךְ וְתִמְהַיָּא
שְׁפַר קֳדָמָךְ לְהַחֲוָיָא.

Lord, eternal Master of Worlds, you are the supreme King of Kings. Your mighty acts and wondrous deeds it is my pleasure to declare.

TSUR MISHELO

Joyously
Tsur mi - she - lo mi - she - lo a - chal - nu tsur mi - she - lo mi - she-
lo a - chal - nu tsur mi - she - lo a - chal - nu ba - r' - chu e - mu - nai
sa - va - nu v' - ho - tar - nu kid - var A - do - nai tsur mi - she - lo a - chal - nu
ba - r' - chu e - mu - nai sa - va - nu v' - ho - tar - nu kid - var A - do - nai

צוּר מִשֶּׁלּוֹ אָכַלְנוּ בָּרְכוּ אֱמוּנַי
שָׂבַעְנוּ וְהוֹתַרְנוּ כִּדְבַר יְיָ.

הַזָּן אֶת עוֹלָמוֹ רוֹעֵנוּ אָבִינוּ
אָכַלְנוּ אֶת לַחְמוֹ וְיֵינוֹ שָׁתִינוּ
עַל כֵּן נוֹדֶה לִשְׁמוֹ
וּנְהַלְלוֹ בְּפִינוּ
אָמַרְנוּ וְעָנִינוּ אֵין קָדוֹשׁ כַּייָ.
צוּר מִשֶּׁלּוֹ . . .

בְּשִׁיר וְקוֹל תּוֹדָה נְבָרֵךְ לֵאלֹהֵינוּ
עַל אֶרֶץ חֶמְדָּה טוֹבָה
שֶׁהִנְחִיל לַאֲבוֹתֵינוּ
מָזוֹן וְצֵדָה הִשְׂבִּיעַ לְנַפְשֵׁנוּ
חַסְדּוֹ גָּבַר עָלֵינוּ וֶאֱמֶת יְיָ.
צוּר מִשֶּׁלּוֹ. . .

רַחֵם בְּחַסְדֶּךָ
עַל עַמְּךָ צוּרֵנוּ
עַל צִיּוֹן מִשְׁכַּן כְּבוֹדֶךָ
זְבוּל בֵּית תִּפְאַרְתֵּנוּ
בֶּן דָּוִד עַבְדֶּךָ יָבֹא וְיִגְאָלֵנוּ
רוּחַ אַפֵּינוּ מְשִׁיחַ יְיָ.
צוּר מִשֶּׁלּוֹ. . .

יִבָּנֶה הַמִּקְדָּשׁ עִיר צִיּוֹן תְּמַלֵּא
וְשָׁם נָשִׁיר שִׁיר חָדָשׁ
וּבִרְנָנָה נַעֲלֶה
הָרַחֲמָן הַנִּקְדָּשׁ
יִתְבָּרַךְ וְיִתְעַלֶּה
עַל כּוֹס יַיִן מָלֵא
כְּבִרְכַּת יְיָ.
צוּר מִשֶּׁלּוֹ. . .

Let us bless the Lord whose food we ate. Let us thank Him with our lips chanting: There is no one holy like our Lord.

TSUR MISHELO II

Sephardic Folktune

Moderately
C
Tsur mi - she - lo a - chal - nu ba -
C
r' - chu e - mu - nai sa - va - nu v' - ho -
C
tar - nu kid - var A - do -
C
nai sa - va - nu v' - ho -
C
C
tar - nu kid - var A - do - nai

צוּר מִשֶּׁלּוֹ אָכַלְנוּ בָּרְכוּ אֱמוּנַי
שָׂבַעְנוּ וְהוֹתַרְנוּ כִּדְבַר יְיָ.

הַזָּן אֶת עוֹלָמוֹ רוֹעֵנוּ אָבִינוּ
אָכַלְנוּ אֶת לַחְמוֹ וְיֵינוֹ שָׁתִינוּ
עַל כֵּן נוֹדֶה לִשְׁמוֹ
וּנְהַלְלוֹ בְּפִינוּ
אָמַרְנוּ וְעָנִינוּ אֵין קָדוֹשׁ כַּיְיָ.
צוּר מִשֶּׁלּוֹ . . .

בְּשִׁיר וְקוֹל תּוֹדָה נְבָרֵךְ לֵאלֹהֵינוּ
עַל אֶרֶץ חֶמְדָּה טוֹבָה
שֶׁהִנְחִיל לַאֲבוֹתֵינוּ
מָזוֹן וְצֵדָה הִשְׂבִּיעַ לְנַפְשֵׁנוּ
חַסְדּוֹ גָּבַר עָלֵינוּ וֶאֱמֶת יְיָ.
צוּר מִשֶּׁלּוֹ . . .

רַחֵם בְּחַסְדֶּךָ
עַל עַמְּךָ צוּרֵנוּ
עַל צִיּוֹן מִשְׁכַּן כְּבוֹדֶךָ
זְבוּל בֵּית תִּפְאַרְתֵּנוּ
בֶּן דָּוִד עַבְדֶּךָ יָבֹא וְיִגְאָלֵנוּ
רוּחַ אַפֵּינוּ מְשִׁיחַ יְיָ.
צוּר מִשֶּׁלּוֹ. . .

יִבָּנֶה הַמִּקְדָּשׁ עִיר צִיּוֹן תְּמַלֵּא
וְשָׁם נָשִׁיר שִׁיר חָדָשׁ
וּבִרְנָנָה נַעֲלֶה
הָרַחֲמָן הַנִּקְדָּשׁ
יִתְבָּרַךְ וְיִתְעַלֶּה
עַל כּוֹס יַיִן מָלֵא
כְּבִרְכַּת יְיָ.
צוּר מִשֶּׁלּוֹ. . .

Let us bless the Lord whose food we ate. Let us thank Him with our lips chanting: There is no one holy like our God.

MA SHE'ACHALNU

The Sephardic version of the Grace after Meals ends with a series of verses of thanksgiving and praise which are sung to this tune.

Allegro moderato

Spanish-Portuguese

מַה שֶּׁאָכַלְנוּ יִהְיֶה לְשׂוֹבַע
וּמַה שֶּׁשָּׁתִינוּ יִהְיֶה לִרְפוּאָה
וּמַה שֶּׁהוֹתַרְנוּ יִהְיֶה לִבְרָכָה
כְּדִכְתִיב וַיִּתֵּן לִפְנֵיהֶם

May we be completely satisfied with our food and drink.

SHIR HAMA'A LOT

P. Minkowsky
Psalm 126

A song of degrees. When the Lord turned again the captivity of Zion, we were like those who dream. Then our mouth was filled with laughter, and our tongue with exultation; then they said among the nations, the Lord did great things for them. The Lord did great things for us and we rejoiced.

שִׁיר הַמַּעֲלוֹת, בְּשׁוּב יְיָ
אֶת שִׁיבַת צִיּוֹן הָיִינוּ כְּחֹלְמִים:
אָז יִמָּלֵא שְׂחוֹק פִּינוּ
וּלְשׁוֹנֵנוּ רִנָּה:
אָז יֹאמְרוּ בַגּוֹיִם
הִגְדִּיל יְיָ לַעֲשׂוֹת עִם אֵלֶּה:
הִגְדִּיל יְיָ לַעֲשׂוֹת עִמָּנוּ
הָיִינוּ שְׂמֵחִים:

GRACE AFTER MEALS

Moderately

Music: M. Nathanson

chol b'ri - yo - tav a - sher__ ba - ra Ba - ruch a - ta__ A - do -

nai_____ ha - zan____ et ha - kol_____

בָּרוּךְ אַתָּה יְיָ
אֱלֹהֵינוּ מֶלֶךְ הָעוֹלָם
הַזָּן אֶת הָעוֹלָם כֻּלּוֹ בְּטוּבוֹ
בְּחֵן בְּחֶסֶד וּבְרַחֲמִים
הוּא נוֹתֵן לֶחֶם לְכָל בָּשָׂר
כִּי לְעוֹלָם חַסְדּוֹ
וּבְטוּבוֹ הַגָּדוֹל
תָּמִיד לֹא חָסַר לָנוּ
וְאַל יֶחְסַר לָנוּ מָזוֹן לְעוֹלָם וָעֶד
בַּעֲבוּר שְׁמוֹ הַגָּדוֹל
כִּי הוּא אֵל זָן וּמְפַרְנֵס לַכֹּל
וּמֵטִיב לַכֹּל וּמֵכִין מָזוֹן
לְכָל בְּרִיּוֹתָיו אֲשֶׁר בָּרָא.
בָּרוּךְ אַתָּה יְיָ הַזָּן אֶת הַכֹּל.

Blessed are You, God, King of the universe who
sustains the whole world in His goodness, grace,
mercy and compassion, giving bread to all flesh.
And through Your great goodness food has never
been wanting for us, nor will it ever be wanting
for us. Blessed are You who feeds all.

MA TOVU

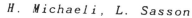
H. Michaeli, L. Sasson

In easy fashion

Ma - to - vu o - ho - le - cho _____ Ya - a - kov mish - k' - no - se - cho

Yis - ro - él él va - a - ni b' - rov _____ chas - d' - cho

o - vo _____ vé - se - cho esh - ta - cha - ve el hé -

-chal _____ kod - sh' - cho b' - yir - o - se - cho _____ va - a - cho _____

מַה טֹּבוּ אֹהָלֶיךָ יַעֲקֹב
מִשְׁכְּנֹתֶיךָ יִשְׂרָאֵל:

How goodly are your tents O Jacob, your
habitations O Israel. By Your abundant grace I
enter Your house. I worship before Your holy
shrine with reverence.

TOV L'HODOT

Rabbi S. Carlebach

Tov l' - ho - dot la - shem tov l' - ho - dot la - shem u - l' -
za - mer l' - shim - cha el - yon tov l' - yon
l' - ha - gid ba - bo - ker ba - bo - ker chas - de - cha ve -
e - mu - nat - cha ba - lé - lot tov l' - lot tov l' -

טוֹב לְהֹדוֹת לַה׳
וּלְזַמֵּר לְשִׁמְךָ עֶלְיוֹן:
לְהַגִּיד בַּבֹּקֶר חַסְדֶּךָ
וֶאֱמוּנָתְךָ בַּלֵּילוֹת:

It is good to give thanks to the Lord and to sing praises to Your name; to proclaim your goodness in the morning and your faithfulness at night.

EL ADON

אֵל אָדוֹן עַל כָּל הַמַּעֲשִׂים בָּרוּךְ וּמְבֹרָךְ בְּפִי כָּל נְשָׁמָה, גָּדְלוֹ וְטוּבוֹ מָלֵא
עוֹלָם דַּעַת וּתְבוּנָה סוֹבְבִים אוֹתוֹ. הַמִּתְגָּאֶה עַל חַיּוֹת הַקֹּדֶשׁ וְנֶהְדָּר
בְּכָבוֹד עַל הַמֶּרְכָּבָה, זְכוּת וּמִישׁוֹר לִפְנֵי כִסְאוֹ חֶסֶד וְרַחֲמִים לִפְנֵי כְבוֹדוֹ.

God is the Lord of all creation; blessed and praised is he by every soul. His
greatness and goodness fill the universe; knowledge and wisdom surround him.
He is exalted above the celestial beings, and adorned in glory above the chariot.
Purity and justice stand before his throne; kindness and mercy are in his glorious
presence.

OR CHADASH

R. Sirotkin

אוֹר חָדָשׁ עַל צִיּוֹן תָּאִיר
וְנִזְכֶּה כֻלָּנוּ מְהֵרָה לְאוֹרוֹ

Cause a new light to shine upon Zion, and may we all be worthy soon to
enjoy its brightness.

AVINU HA'AV HARACHAMAN

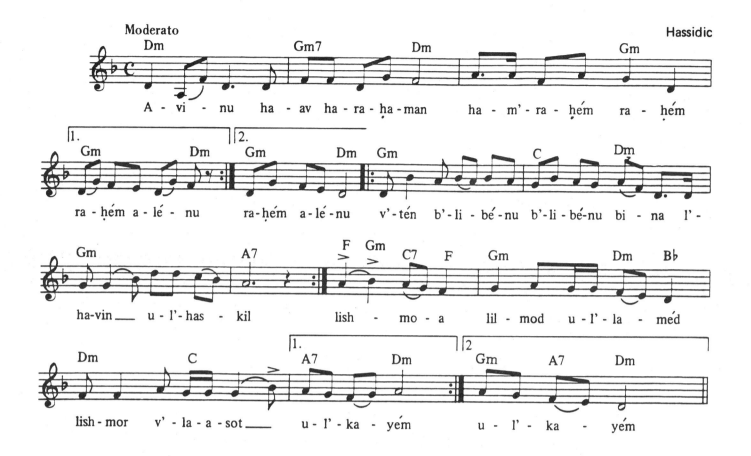

אָבִינוּ הָאָב הָרַחֲמָן הַמְרַחֵם רַחֵם עָלֵינוּ, וְתֵן בְּלִבֵּנוּ בִּינָה לְהָבִין וּלְהַשְׂכִּיל,
לִשְׁמֹעַ לִלְמֹד וּלְלַמֵּד לִשְׁמֹר וְלַעֲשׂוֹת וּלְקַיֵּם.

Our merciful Father, ever compassionate, have pity on us and inspire us to understand and discern, to perceive, learn and teach to observe and fulfill all the teachings of the Torah.

V'HAER ENENU

Rabbi S. Carlebach

וְהָאֵר עֵינֵינוּ בְּתוֹרָתֶךְ
וְדַבֵּק לִבֵּנוּ בְּמִצְוֹתֶיךָ
וְיַחֵד לְבָבֵנוּ לְאַהֲבָה
וּלְיִרְאָה אֶת שְׁמֶךָ
שֶׁלֹּא־נֵבוֹשׁ וְלֹא נִכָּלֵם
וְלֹא נִכָּשֵׁל לְעוֹלָם וָעֶד.

Enlighten our eyes to Your Torah. attach our heart to
Your commandments. Unite our hearts to love and
revere Your name so that we may never be put to
shame.

SH'MA YISRAEL

T. Pick

שְׁמַע יִשְׂרָאֵל יְיָ אֱלֹהֵינוּ יְיָ אֶחָד

Come, let us sing to the Lord; let us acclaim our saving stronghold. Let us approach Him with thanksgiving; let us acclaim him with songs of praise.

YISMACH MOSHE

יִשְׂמַח מֹשֶׁה בְּמַתְּנַת חֶלְקוֹ כִּי עֶבֶד נֶאֱמָן קָרָאתָ לּוֹ, כְּלִיל תִּפְאֶרֶת בְּרֹאשׁוֹ
נָתַתָּ בְּעָמְדוֹ לְפָנֶיךָ עַל הַר סִינַי, וּשְׁנֵי לוּחוֹת אֲבָנִים הוֹרִיד בְּיָדוֹ, וְכָתוּב
בָּהֶם שְׁמִירַת שַׁבָּת וְכֵן כָּתוּב בְּתוֹרָתֶךָ.

Moses was pleased with the gift bestowed on him, for you called him a
faithful servant. You placed a glorious crown on his head as he stood
before You on Mt. Sinai. He brought down the two tablets of stone upon
which was engraved the command to observe the Sabbath as it is written
in Your Torah.

CHEMDAT HAYAMIM

Moderato
S. Carlebach
Chem - dat ha - ya - mim o - to ka - ra - ta
zé - cher zé - cher l' - ma - a - sé v' - ré - sheet
ma' - sé v' - ré - sheet chem- dat ha - ya - mim o - to ka -
ra - ta zé - cher zé - cher l' - ma' - sé v' - ré - sheet
D.C.

חֶמְדַּת הַיָּמִים אֹתוֹ קָרָאתָ
זֵכֶר לְמַעֲשֵׂה בְרֵאשִׁית

You called it the most desirable of days in remembrance of the creation.

V'HANCHILENU

Marcato with joy

Rabbi S. Carlebach

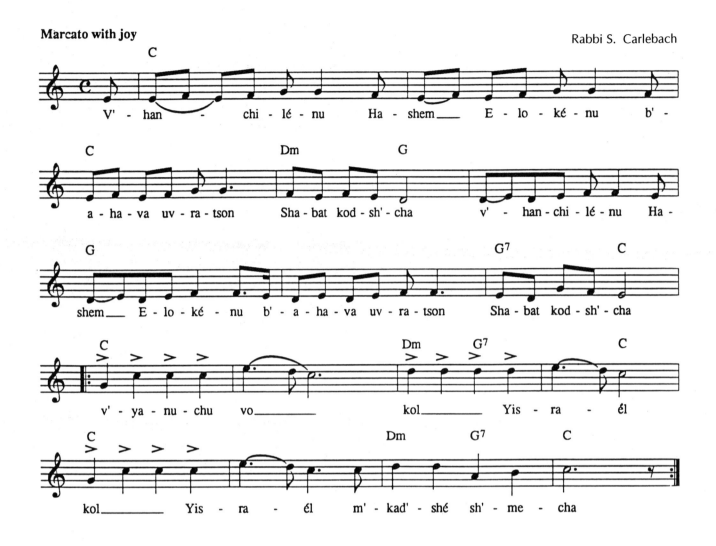

V' - han - chi - lé - nu Ha - shem___ E - lo - ké - nu b' -
a - ha - va uv - ra - tson Sha - bat kod - sh' - cha v' - han - chi - lé - nu Ha -
shem___ E - lo - ké - nu b' - a - ha - va uv - ra - tson Sha - bat kod - sh' - cha
v' - ya - nu - chu vo___ kol___ Yis - ra - él
kol___ Yis - ra - él m' - kad' - shé sh' - me - cha

וְהַנְחִילֵנוּ יְיָ אֱלֹהֵינוּ
בְּאַהֲבָה וּבְרָצוֹן שַׁבַּת קָדְשֶׁךָ
וְיָנוּחוּ בוֹ יִשְׂרָאֵל מְקַדְּשֵׁי שְׁמֶךָ

In Your gracious love, Lord our God, grant that
we keep Your holy Sabbath as a heritage; may
Israel who sanctifies Your name rest on it.

V'TECHEZENA

וְתֶחֱזֶינָה עֵינֵינוּ בְּשׁוּבְךָ לְצִיּוֹן בְּרַחֲמִים.

May our eyes behold your return in mercy to Zion.

HATOV

Bostoner Rebbi

הַטּוֹב כִּי לֹא כָלוּ רַחֲמֶיךָ וְהַמְרַחֵם כִּי לֹא תַמּוּ חֲסָדֶיךָ כִּי מֵעוֹלָם קִוִּינוּ לָךְ.

Beneficient One, whose mercies never fail, Merciful One, whose kindnesses never cease, you have always been our hope.

SIM SHALOM

Moderately

R. Adler

©by the Author

שִׂים שָׁלוֹם טוֹבָה וּבְרָכָה חֵן וָחֶסֶד וְרַחֲמִים
עָלֵינוּ וְעַל כָּל יִשְׂרָאֵל עַמֶּךָ

O grant peace, happiness, blessing grace, kindness
and mercy to us and to all Israel Your people.

52

SIM SHALOM II

Moderato **S. Paikov**

שִׂים שָׁלוֹם טוֹבָה וּבְרָכָה חֵן וָחֶסֶד וְרַחֲמִים
עָלֵינוּ וְעַל כָּל יִשְׂרָאֵל עַמֶּךָ

O grant peace, happiness, blessing grace, kindness
and mercy to us and to all Israel Your people.

OSE SHALOM

עוֹשֶׂה שָׁלוֹם בִּמְרוֹמָיו
הוּא יַעֲשֶׂה שָׁלוֹם עָלֵינוּ
וְעַל כָּל־יִשְׂרָאֵל
וְאִמְרוּ אָמֵן.

May He who makes peace in the high places
make peace for Israel and for all mankind and
say Amen.

54

ZARA CHAYA

זַרְעָא חַיָא וְקַיָמָא
זַרְעָא דִי לָא יִפְסֻק
וְדִי לָא יִבְטֻל
מִפִּתְגָמֵי אוֹרַיְתָא

May we be granted healthy children who will never neglect the study of Torah.

BLESSING OF THE NEW MONTH

Lubavitch
Hassidic Melody

Y' - hi__ ra-tson mil-fa-ne-ḥa A-do-nai e-lo-hé-nu vé-lo-

he' a-vo-té-nu she-t'-ḥa-désh a-lé-nu et ha-ḥo-desh ha-ze l'-

to-va v'-liv-ra-ḥa v'-ti-ten la-nu ḥa-yim a-ru-kim

ḥa-yim shel sha-lom ḥa-yim shel to-va ḥa-yim shel b'ra-ḥa ḥa-yim shel par-na-sa

ḥa-yim shel ḥi-luts a-tsa-mot ḥa-yim she-yésh ba-hem yir-at sha-ma-yim

yir-at sha-ma-yim v'-yir-at__ ḥét ḥa-yim she-én ba-hem bu-

sha uḥ-li-ma ḥa-yim shel o-sher v'-ḥa-vod ḥa-yim shet'-hé va-nu

a-ha-vat to-ra a-ha-vat to-ra v'-yir-at sha-ma-yim

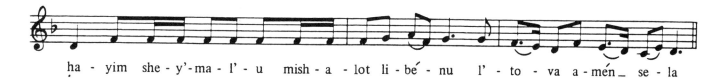

ḥa - yim she - y'-ma - l' - u mish - a - lot li - bé - nu l' - to - va a - mén_ se - la

יְהִי רָצוֹן מִלְּפָנֶיךָ יְיָ אֱלֹהֵינוּ וֵאלֹהֵי אֲבוֹתֵינוּ שֶׁתְּחַדֵּשׁ עָלֵינוּ אֶת הַחֹדֶשׁ
הַזֶּה לְטוֹבָה וְלִבְרָכָה וְתִתֶּן לָנוּ חַיִּים אֲרוּכִּים חַיִּים שֶׁל שָׁלוֹם חַיִּים שֶׁל
טוֹבָה חַיִּים שֶׁל בְּרָכָה חַיִּים שֶׁל פַּרְנָסָה חַיִּים שֶׁל חִלּוּץ עֲצָמוֹת חַיִּים שֶׁיֵּשׁ
בָּהֶם יִרְאַת שָׁמַיִם וְיִרְאַת חֵטְא חַיִּים שֶׁאֵין בָּהֶם בּוּשָׁה וּכְלִמָּה חַיִּים שֶׁל
עֹשֶׁר וְכָבוֹד חַיִּים שֶׁתְּהֵא בָנוּ אַהֲבַת תּוֹרָה וְיִרְאַת שָׁמַיִם חַיִּים שֶׁיִּמָּלְאוּ
מִשְׁאֲלוֹת לִבֵּנוּ לְטוֹבָה אָמֵן סֶלָה.

May it be Your will, Lord our God and God of our fathers, to grant us this new month for happiness and blessedness. O grant us long life, a life of peace and well-being, a life of blessing and sustenance, a life of health, a life of piety and dread of sin, a life free from shame and disgrace, a life of wealth and honor, a life marked by our love for Torah and our fear of heaven, a life in which the wishes of our heart shall be fulfilled for happiness, Amen.

MI SHE'ASA NISIM

With movement

S. Rockoff

Mi__ she - a - sa_ ni - sim_ la - a - vo - té - nu v' - ga - al__ o - tam__ me - av -
dut l' - ḥé - rut hu yig - al o - ta - nu b' - ka - rov vi - ka -
béts ni - da ḥé - nu mé - ar - ba kan - fot ha - a - rets ḥa - vé - rim ___
kol__ Yis - ra - él v' - no - mar a - mén

מִי שֶׁעָשָׂה נִסִּים לַאֲבוֹתֵינוּ וְגָאַל אוֹתָם מֵעַבְדוּת לְחֵרוּת הוּא יִגְאַל אוֹתָנוּ
בְּקָרוֹב וִיקַבֵּץ נִדָּחֵינוּ מֵאַרְבַּע כַּנְפוֹת הָאָרֶץ חֲבֵרִים כָּל יִשְׂרָאֵל וְנֹאמַר
אָמֵן.

May He who performed miracles for our fathers and freed them from slavery, speedily redeem us and gather our dispersed people from the four corners of the earth so that all Israel be knit together; and let us say, Amen.

Y'CHADSHEHU

With movement

S. Rockoff

Y' - ḥa - d'-shé-hu ha - ka - dosh ba - ruḥ hu___ a -
lé - nu v' - al kol a-mo___ bét___ Yis - ra - él l' - ḥa - yim
u - l' - sha - lom l' - sa - son u - l' - sim - ḥa
li - shu - a u - l' - ne - ḥa-ma v' - no - mar a - men

יְחַדְּשֵׁהוּ הַקָּדוֹשׁ בָּרוּךְ הוּא עָלֵינוּ וְעַל כָּל עַמּוֹ בֵּית יִשְׂרָאֵל לְחַיִּים וּלְשָׁלוֹם
לְשָׂשׂוֹן וּלְשִׂמְחָה לִישׁוּעָה וּלְנֶחָמָה וְנֹאמַר אָמֵן.

May the holy One, blessed be He, grant that the new month bring to us and to all His people, the house of Israel, life and peace, joy and gladness, salvation and comfort; and let us say, Amen

EN KELOHENU

*Repeat melody
with additional verses

אֵין כֵּאלֹהֵינוּ, אֵין כַּאדוֹנֵינוּ, אֵין כְּמַלְכֵּנוּ, אֵין כְּמוֹשִׁיעֵנוּ. מִי כֵאלֹהֵינוּ, מִי
כַאדוֹנֵינוּ, מִי כְמַלְכֵּנוּ, מִי כְמוֹשִׁיעֵנוּ. נוֹדֶה לֵאלֹהֵינוּ, נוֹדֶה לַאדוֹנֵינוּ, נוֹדֶה
לְמַלְכֵּנוּ, נוֹדֶה לְמוֹשִׁיעֵנוּ. בָּרוּךְ אֱלֹהֵינוּ, בָּרוּךְ אֲדוֹנֵינוּ, בָּרוּךְ מַלְכֵּנוּ,
בָּרוּךְ מוֹשִׁיעֵנוּ. אַתָּה הוּא אֱלֹהֵינוּ, אַתָּה הוּא אֲדוֹנֵינוּ, אַתָּה הוּא מַלְכֵּנוּ,
אַתָּה הוּא מוֹשִׁיעֵנוּ.
אַתָּה הוּא שֶׁהִקְטִירוּ אֲבוֹתֵינוּ לְפָנֶיךָ אֶת קְטֹרֶת הַסַּמִּים.

There is none like our God; there is none like our Lord; there is none like
our King; there is none like our Deliverer. Who is like our God? ...... Let
us give thanks to our God .....Blessed be our God .....You are our God
.......To You our fathers offered the fragrant incense.

EN KELOHENU II

With spirit

Én ké - lo - hé - nu én - ka - do - né - nu en k' - mal - ké - nu

én k' - mo - shi - é - nu mi hẹ - lo - hé - nu mi ha - do -

né - nu mi hẹ' - mal - ké - nu mi hẹ' - mo - shi - é - nu

no - de lé - lo - hé - nu no - de la - do - né - nu no - de l' - mal - ké - nu

no - de l' - mo - shi - é - nu ba - ruẹ e - lo - hé - nu ba - ruẹ a - do -

né - nu ba - ruẹ mal - ké - nu ba - ruẹ mo - shi - é - nu a -

ta hu e - lo - hé - nu a - ta hu a - do - né - nu a - ta hu mal - ké - nu a -

ta hu mo - shi - é - nu a - ta hu she - hik - ti - ru a - vo - té - nu l' -

fa - ne - ha et k' - to - ret ha - sa - mim et k' - to - ret ha - sa - mim.

NON KOMO MUESTRO

Allegretto, in 2

Music: Traditional
Lyrics: From the Siddur

Én ke - lo - hé - nu   én   ka - do - né - nu   én   k' - mal - ké - nu

én_____ k' - mo - shi - é - nu   Non   ko - mo mues - tro   Dyo

non   ko - mo mues - tro   Si - njor_____   non   ko - mo mues - tro

Re_____   non   ko - mo mues - tro   Sal - va - dor

rit. last time

Ein Keloheinu, ein Kadoneinu, ein Kemalkeinu, ein Kemoshieinu
Non Komo muestro Dyo, Non komo muestro Sinyor
Non komo muestro Re, Non komo muestro Salvador

Mi heyloheinu, mi hadoneinu, mi hemalkeinu, mi hemoshieinu
Ken domo muestro Dyo, ken komo muestro Sinyor
Ken komo muestro Re, ken komo muestro Salvador

Node Leiloheinu, node Ladoneinu, node Leimalkeinu, node Lemoshieinu
Loaremos a muestro Dyo, loaremos a muestro Sinyor
Loaremos a muestro Re, loaremos a muestro Salvador

Baruh Eloheinu, baruh Adoneinu, baruh Malkeinu, baruh Moshieinu
Bendicho muestro Dyo, bendicho muestro Sinyor
Bendicho muestro Re, bendicho muestro Salvador

Ata hu Eloheinu, ata hu Adoneinu, ata hu Malkeinu, ata hu Moshieinu
Tu el muestro Dyo, Tu el muestro Sinyor
Tu el muestro Re, Tu el muestro Salvador

L'MA'AN ACHAI

לְמַעַן אַחַי וְרֵעָי
אֲדַבְּרָה-נָּא שָׁלוֹם בָּךְ:
לְמַעַן בֵּית ה׳ אֱלֹקֵינוּ
אֲבַקְשָׁה טוֹב לָךְ:

In behalf of my brethren and friends, let me pronounce peace for you.
For the sake of the house of the Lord, our God, I will seek your good.

ADON OLAM

Spritely
Refrain
A - don o - lam a - don o - lam a - sher ma - laḥ b' - te - rem kol b' - te - rem kol y' -
tsir niv - ra l' - ét na - a - sa b' - ḥef - tso kol a - zai me - leḥ ___ sh'-
mo nik - ra v' - a - ḥa - ré kiḥ - lot ___ ha-kol l' - va - do yim - loḥ no -
ra v' - hu ha - ya v' - hu ho - ve v' - hu yih - ye ___ b' - tif - a - ra
Refrain
Continue with additional verses

He is the eternal Lord who reigned
Before any being was created.
At the time when all was made by His will,
He was at once acknowledged as King.
He was, he is, and he shall be in glorious eternity.
He is One, and there is no other
To compare to Him, to place beside Him.
He is without beginning, without end;
Power and dominion belong to Him.
He is my God, my living Redeemer,
My stronghold in times of distress.
He is my guide and my refuge,
My share of bliss the day I call.
To him I entrust my spirit
When I sleep and when I wake.
As long as my soul is with my body
The Lord is with me; I am not afraid.

אֲדוֹן עוֹלָם אֲשֶׁר מָלַךְ בְּטֶרֶם כָּל יְצִיר נִבְרָא.
לְעֵת נַעֲשָׂה בְחֶפְצוֹ כֹּל אֲזַי מֶלֶךְ שְׁמוֹ נִקְרָא.
וְאַחֲרֵי כִּכְלוֹת הַכֹּל לְבַדּוֹ יִמְלוֹךְ נוֹרָא.
וְהוּא הָיָה וְהוּא הֹוֶה וְהוּא יִהְיֶה בְּתִפְאָרָה.
וְהוּא אֶחָד וְאֵין שֵׁנִי לְהַמְשִׁיל לוֹ לְהַחְבִּירָה.
בְּלִי רֵאשִׁית בְּלִי תַכְלִית וְלוֹ הָעֹז וְהַמִּשְׂרָה.
וְהוּא אֵלִי וְחַי גֹּאֲלִי וְצוּר חֶבְלִי בְּעֵת צָרָה.
וְהוּא נִסִּי וּמָנוֹס לִי מְנָת כּוֹסִי בְּיוֹם אֶקְרָא.
בְּיָדוֹ אַפְקִיד רוּחִי בְּעֵת אִישַׁן וְאָעִירָה.
וְעִם רוּחִי גְּוִיָּתִי יְיָ לִי וְלֹא אִירָא.

ADON OLAM II

As sung in Amsterdam

אֲדוֹן עוֹלָם אֲשֶׁר מָלַךְ
בְּטֶרֶם כָּל יְצִיר נִבְרָא.
לְעֵת נַעֲשָׂה בְחֶפְצוֹ כֹּל
אֲזַי מֶלֶךְ שְׁמוֹ נִקְרָא.

He is the eternal Lord who reigned before any being was created. At the time when all was made by His will, He was at once acknowledged as King.

ADON OLAM III

As sung in Bulgaria

ADON OLAM IV

U. Hitman

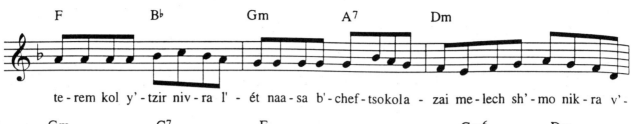

te - rem kol y' - tzir niv - ra l' - ét naa - sa b' - chef - tsokola - zai me - lech sh' - mo nik - ra v' -
a - cha - ré kich - lot ha - kol l' - va - do yim - loch no - ra v' - hu ha - ya v' - hu ho - ve
b' - tif - a - ra v' - hu ha ya v' - hu ho - ve b' - tif - a - ra

אֲדוֹן עוֹלָם אֲשֶׁר מָלַךְ
בְּטֶרֶם כָּל יְצִיר נִבְרָא.
לְעֵת נַעֲשָׂה בְחֶפְצוֹ כֹּל
אֲזַי מֶלֶךְ שְׁמוֹ נִקְרָא.

וְאַחֲרֵי כִּכְלוֹת הַכֹּל
לְבַדּוֹ יִמְלוֹךְ נוֹרָא.
וְהוּא הָיָה וְהוּא הֹוֶה
וְהוּא יִהְיֶה בְּתִפְאָרָה.

וְהוּא אֶחָד וְאֵין שֵׁנִי
לְהַמְשִׁיל לוֹ לְהַחְבִּירָה.
בְּלִי רֵאשִׁית בְּלִי תַכְלִית
וְלוֹ הָעֹז וְהַמִּשְׂרָה.

וְהוּא אֵלִי וְחַי גֹּאֲלִי
וְצוּר חֶבְלִי בְּעֵת צָרָה.
וְהוּא נִסִּי וּמָנוֹס לִי
מְנָת כּוֹסִי בְּיוֹם אֶקְרָא.

בְּיָדוֹ אַפְקִיד רוּחִי
בְּעֵת אִישַׁן וְאָעִירָה.
וְעִם רוּחִי גְּוִיָּתִי
ה' לִי וְלֹא אִירָא.

He is the eternal Lord who reigned before any being was created. At the time when all was made by His will, He was at once acknowledged as King.

YOM ZE L'YISRAEL

Joyously

Traditional

Yom ze l' - yis - ra - él o - ra v' - sim - cha
o - ra v' - sim - cha Sha - bat m' - nu - cha yom ze l' - yis - ra - él
o - ra v' - sim - cha Sha - bat Sha - bat m' - nu - cha

יוֹם זֶה לְיִשְׂרָאֵל אוֹרָה וְשִׂמְחָה
שַׁבַּת מְנוּחָה.
צִוִּיתָ פִּקּוּדִים בְּמַעֲמַד סִינַי
שַׁבָּת וּמוֹעֲדִים
לִשְׁמֹר בְּכָל שָׁנַי
לַעֲרֹךְ לְפָנַי מַשְׂאֵת וַאֲרוּחָה
שַׁבַּת מְנוּחָה.

חֶמְדַּת הַלְּבָבוֹת לְאֻמָּה שְׁבוּרָה
לִנְפָשׁוֹת נִכְאָבוֹת נְשָׁמָה יְתֵרָה
לְנֶפֶשׁ מְצֵרָה יָסִיר אֲנָחָה
שַׁבַּת מְנוּחָה.

קִדַּשְׁתָּ בֵּרַכְתָּ אוֹתוֹ מִכָּל יָמִים
בְּשֵׁשֶׁת כִּלִּיתָ מְלֶאכֶת עוֹלָמִים
בּוֹ מָצְאוּ עֲגוּמִים הַשְׁקֵט וּבִטְחָה
שַׁבַּת מְנוּחָה.

This day is for Israel-a day of light and gladness, the Sabbath of rest.

II

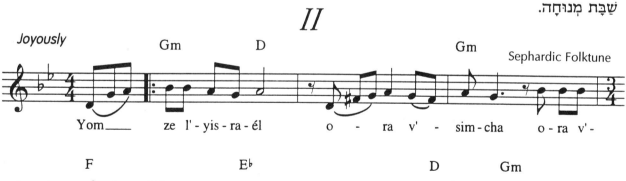

Joyously

Sephardic Folktune

Yom___ ze l' - yis - ra - él o - ra v' - sim - cha o - ra v' -
sim - cha o - ra v' - sim - cha Sha - bat m' - nu - cha o - ra v' -
sim - cha o - ra v' - sim - cha Sha - bat m' - nu - cha yom___ nu - cha

KI ESHM'RA SHABBAT

Moderately

Sephardic Folktune

Ki___ esh-m'-ra___ Sha-bat Él___ yish-m'-ré-ni

ki___ esh-m'-ra___ Sha-bat Él yish-m'-ré-ni

ot___ hi l'-ol-mé___ ad bé-no u-vé-ni

ot___ hi l'-ol-mé___ ad bé-no u-vé-ni

הוּא יוֹם מְכֻבָּד הוּא יוֹם תַּעֲנוּגִים
לֶחֶם וְיַיִן טוֹב בָּשָׂר וְדָגִים
הַמִּתְאַבְּלִים בּוֹ אָחוֹר נְסוֹגִים
כִּי יוֹם שְׂמָחוֹת הוּא וּתְשַׂמְּחֵנִי.
אוֹת הִיא . . .

בּוֹ אֶמְצָא תָמִיד נֹפֶשׁ לְנַפְשִׁי
הִנֵּה לְדוֹר רִאשׁוֹן נָתַן קְדוֹשִׁי
מוֹפֵת בְּתֵת לֶחֶם מִשְׁנֶה בַּשִּׁשִּׁי
כָּכָה בְּכָל שִׁשִּׁי יַכְפִּיל מְזוֹנִי.
אוֹת הִיא . . .

כִּי אֶשְׁמְרָה שַׁבָּת
אֵל יִשְׁמְרֵנִי
אוֹת הִיא לְעוֹלְמֵי עַד
בֵּינוֹ וּבֵינִי.

מֶחֱל מְלָאכָה בּוֹ סוֹפוֹ לְהַכְרִית
עַל כֵּן אֲכַבֵּס בּוֹ לִבִּי כְּבוֹרִית
וְאֶתְפַּלְלָה אֶל אֵל עַרְבִית וְשַׁחֲרִית
מוּסָף וְגַם מִנְחָה הוּא יַעֲנֵנִי.
אוֹת הִיא . . .

רָשַׁם בְּדַת הָאֵל חֹק אֶל סְגָנָיו
בּוֹ לַעֲרוֹךְ לֶחֶם פָּנִים לְפָנָיו
עַל כֵּן לְהִתְעַנּוֹת בּוֹ עַל פִּי נְבוֹנָיו
אָסוּר לְבַד מִיּוֹם כִּפּוּר עֲוֹנִי.
אוֹת הִיא . . .

אָסוּר מְצֹא חֵפֶץ עֲשׂוֹת דְּרָכִים
גַּם מִלְּדַבֵּר בּוֹ דִּבְרֵי צְרָכִים
דִּבְרֵי סְחוֹרָה אַף דִּבְרֵי מְלָכִים
אֶהְגֶּה בְּתוֹרַת אֵל וּתְחַכְּמֵנִי.
אוֹת הִיא . . .

If I safeguard the Sabbath, God will safeguard me. It is a sign forever
between Him and me.

ATA ECHAD

אַתָּה אֶחָד וְשִׁמְךָ אֶחָד
וּמִי כְּעַמְּךָ יִשְׂרָאֵל
גּוֹי אֶחָד בָּאָרֶץ.
תִּפְאֶרֶת גְּדֻלָּה וַעֲטֶרֶת יְשׁוּעָה
יוֹם מְנוּחָה וּקְדֻשָּׁה
לְעַמְּךָ נָתָתָּ
אַבְרָהָם יָגֵל יִצְחָק יְרַנֵּן
יַעֲקֹב וּבָנָיו יָנוּחוּ בוֹ.

You are One and Your name is One, and who is like Your people Israel a unique nation on earth.

Y'VARECH'CHA

D. Weinkranz

Allegretto

Y' - va - re - ch' - cha Ha - shem mi - tsi - yon ur' - é b' - tuv Y' - ru - sha - la - yim y' - va - re - ch' - cha Ha - shem mi - tsi - yon kol y' - mé y' - mé cha - ye - cha ur' - é va - nim l' - va - ne - cha sha - lom al Yis - ra - él ur' - é va - nim l' - va - ne - cha sha - lom al Yis - ra - él l' - va - ne - cha sha - lom al Yis - ra - él

יְבָרֶכְךָ ה' מִצִּיּוֹן
וּרְאֵה בְּטוּב יְרוּשָׁלָיִם
כֹּל יְמֵי חַיֶּיךָ:
וּרְאֵה־בָנִים לְבָנֶיךָ
שָׁלוֹם עַל־יִשְׂרָאֵל:

The Lord bless you from Zion; may you see the welfare of Jerusalem all the days of your life; may you live to see your children's children. Peace be upon Israel.

ELE CHAMDA LIBI

Allegro moderato

Hassidic

אֵלֶּה חָמְדָה לִבִּי
חוּסָה נָא וְאַל נָא תִתְעַלֵּם.

These are the desires of my heart. Have mercy and turn not away from us.

HAVDALA

Hi - né Él y' - shu - a - ti ev - tach v' -
lo ef - chad ki o - zi v'- zim - rat Ya Ha - shem
va - y' - hi li li - shu - a hi - né Él y' -
shu - a - ti ev-tach v'- lo ef - chad ki o - zi v'-zim - rat
Ya Ha - shem vay'- hi li li-shu - a hi li li-shu - a

הִנֵּה אֵל יְשׁוּעָתִי
אֶבְטַח וְלֹא אֶפְחָד
כִּי עָזִי וְזִמְרָת יָה
וַיְהִי לִי לִישׁוּעָה

Behold, God is my deliverance; I will trust, and will not be afraid; truly the Lord is my strength and my song; He has delivered me.

HAMAVDIL

Folktune

הַמַּבְדִּיל בֵּין קֹדֶשׁ לְחוֹל
חַטֹּאתֵנוּ הוּא יִמְחֹל
זַרְעֵנוּ וְכַסְפֵּנוּ יַרְבֶּה כַּחוֹל
וְכַכּוֹכָבִים בַּלָּיְלָה.

May He who makes distinction between holy and profane pardon our sins; may He multiply our offspring and our possessions as the sand and as the stars in the night.

ELYAHU HANAVI

אֵלִיָּהוּ הַנָּבִיא
אֵלִיָּהוּ הַתִּשְׁבִּי אֵלִיָּהוּ הַגִּלְעָדִי.
בִּמְהֵרָה בְיָמֵינוּ יָבוֹא אֵלֵינוּ
עִם מָשִׁיחַ בֶּן דָּוִד.

Elijah the prophet, Elijah the Tishbite, Elijah the Gilead, may soon come to us with the Messiah son of David.

SHOVU'A TOV

שָׁבוּעַ טוֹב

A good week!

EL DIO ALTO

EL DIO ALTO CON SU GRACIA
MOS MANDE MUCHA GANANCIA
NON VEAMOS MAL NO ANCIA
A NOS Y A TODO ISRAEL

BENDICHO EL ABASTADO
QUE MOS DIO DIA HONRADO
CADA SHABAT MIJURADO
A NOS Y A TODO ISRAEL

VOS QUE SOJ PADRE RACHMAN
MANDAMOS EL PASTOR NEEMAN
QUE MOS SEA DE BUEN SIMAN
A NOS Y A TODO ISRAEL

ROGO AL DIO DE CONTINO
QUE ESTE EN MUESTRO TINO
NON MOS MANQUE PAN NI VINO
A NOS Y A TODO ISRAEL

LANER V'LIVSAMIM

A. Medina

©by the Author

לַנֵּר וְלִבְשָׂמִים נַפְשִׁי מְיַחֵלָה
אִם תִּתְּנוּ לִי כּוֹס יַיִן לְהַבְדָּלָה.

My soul awaits the candle and the incense. If you should but give me a goblet of wine for Havdala.

BUENA SEMANA

Music and Lyrics
Traditional

♩=76, in two

Buena semana mos de el Dio
Buena semana mos de el Dio
Buena semana mos de el Dio
Salud i vida

Ke mis fijos vengan al Kal
Ke mis fijos vengan al Kal
Para maldar la Tora
Salud i vida

Para maldar kon Talesim
Para maldar kon Talesim
Para trayer los Tefillin
Salud i vida

May God give us a good week
Health and life

May my sons come to the Synagogue
To study the Torah
Health and life

To pray with the Talllis
And bring the Tefillin
Health and life

CHORAL SETTINGS
&
NIGUNIM

ROM'MU

Rabbi M. Twersky
Arr: V. Pasternak

Liturgy
Moderato

Rom'-mu Ha-shem ro-m'-mu ro-m'-mu Ha-shem ro-m'-mu
ro-m'-mu Ha-shem E-lo-ké-nu Ha-shem E-lo-ké-nu ro-m'-mu mu
V'-hish-ta-cha-vu___ l'-har kod-sho___
V'-hish-ta-cha-vu___ l'-har kod-sho___
V'-hish-ta-cha-vu___ l'-har kod-sho
V'-hish-ta-cha-vu__ l'-har kod-sho Ha-shem E-lo-ké-nu ro-m'-mu

רוֹמְמוּ יהוה אֱלֹהֵינוּ
וְהִשְׁתַּחֲווּ לְהַר קָדְשׁוֹ

Exalt the Lord our God for He is holy.

MIKDASH MELECH

Hassidic
Arr: V. Pasternak

Mik - dash me - lech ir m' - lu -
cha ku - mi ts' - i ku - mi ts' - i mi - toch ha-
ha - fé - cha mi - toch ha - ha - fé - cha ha - fé - cha
Rav lach she - ves b' - é - mek ha - ba - cha
v'-hu ya-cha - mol a - la - yich a - la -yich chem - la

מִקְדַּשׁ מֶלֶךְ עִיר מְלוּכָה
קוּמִי צְאִי מִתּוֹךְ הַהֲפֵכָה
רַב לָךְ שֶׁבֶת בְּעֵמֶק הַבָּכָא
וְהוּא יַחֲמוֹל עָלַיִךְ חֶמְלָה

O sanctuary of our King, O regal city, arise and go forth from your overthrow; you have dwelt in the valley of weeping long enough; surely He will have compassion on you.

LO SEVOSHI

Moderato
Arr. V. P.

Be not ashamed, neither be confounded. Why are you downcast and why are you disquieted? The afflicted of my people shall be sheltered within you; the city shall be built on its ancient site. Come my friend to meet the bride; let us welcome the Sabbath. Those who despoiled you shall become a spoil. And all who would devour you shall be far away. Your God will rejoice over you as a bridegroom rejoices over his bride.

לֹא תֵבֹשִׁי וְלֹא תִכָּלְמִי מַה תִּשְׁתּוֹחֲחִי וּמַה תֶּהֱמִי
בָּךְ יֶחֱסוּ עֲנִיֵּי עַמִּי וְנִבְנְתָה עִיר עַל תִּלָּהּ
לְכָה דוֹדִי לִקְרַאת כַּלָּה פְּנֵי שַׁבָּת נְקַבְּלָה
וְהָיוּ לִמְשִׁסָּה שֹׁאסָיִךְ וְרָחֲקוּ כָּל מְבַלְּעָיִךְ
יָשִׂישׂ עָלַיִךְ כִּמְשׂוֹשׂ חָתָן עַל כַּלָּה
לְכָה דוֹדִי לִקְרַאת כַּלָּה פְּנֵי שַׁבָּת נְקַבְּלָה

TZADIK KATAMAR II

Music: A. Maslo
Text: Liturgy
Arr: R. J. Neumann

©by the Author

צַדִּיק כַּתָּמָר יִפְרָח,
כְּאֶרֶז בַּלְּבָנוֹן יִשְׂגֶּה.

The righteous will flourish like the palm tree;
they will grow like a cedar in Lebanon.

83

MI CHAMOCHA

Music: Jerry Sperling
Text: Liturgy

ne - e - mar ki - fa - da A - do - nai et Ya - a - kov
u - g' - a - lo mi - yad cha - zak mi - me - nu Ba -
ruch a - ta A - do - nai ga - al Yis - ra - él ga - al Yis - ra - él

מִי כָמֹכָה בָּאֵלִם יְיָ
מִי כָּמֹכָה נֶאְדָּר בַּקֹּדֶשׁ
נוֹרָא תְהִלֹּת עוֹשֵׂה פֶלֶא
מַלְכוּתְךָ רָאוּ בָנֶיךָ
בּוֹקֵעַ יָם לִפְנֵי מֹשֶׁה
זֶה אֵלִי עָנוּ וְאָמְרוּ
יְיָ יִמְלֹךְ לְעֹלָם וָעֶד
וְנֶאֱמַר כִּי פָדָה יְיָ אֶת יַעֲקֹב
וּגְאָלוֹ מִיַּד חָזָק מִמֶּנּוּ
בָּרוּךְ אַתָּה יְיָ גָּאַל יִשְׂרָאֵל

Who is like You, O Lord, among the mighty? Who is like You, glorious in holiness, awe inspiring in renown, doing wonders? Your children saw Your majesty and You parted the sea before Moses. "This is my God. They shouted and they said: The Lord shall reign forever and ever. And it is said: "Indeed the Lord has delivered Jacob, and rescued him from a stronger power." Blessed are You, O Lord who redeemed Israel.

SHALOM ALECHEM IV

Spirited

I. Weisberg
Arr: M. Barash

86

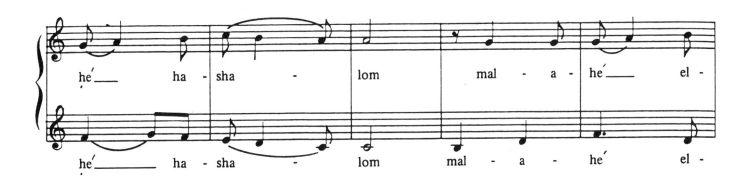

Refrain to Fine

then continue in same manner with last two verses from 𝄋

Peace be with you, ministering angels, angels of the Most High, the Supreme King of Kings, the Holy One blessed be He. May your coming be in peace, angels of the Most High, the supreme King of Kings, the Holy One blessed be He.

שָׁלוֹם עֲלֵיכֶם מַלְאֲכֵי הַשָּׁרֵת מַלְאֲכֵי עֶלְיוֹן
מִמֶּלֶךְ מַלְכֵי הַמְּלָכִים הַקָּדוֹשׁ בָּרוּךְ הוּא
בּוֹאֲכֶם לְשָׁלוֹם מַלְאֲכֵי הַשָּׁלוֹם מַלְאֲכֵי עֶלְיוֹן
מִמֶּלֶךְ מַלְכֵי הַמְּלָכִים הַקָּדוֹשׁ בָּרוּךְ הוּא
בָּרְכוּנִי לְשָׁלוֹם מַלְאֲכֵי הַשָּׁלוֹם מַלְאֲכֵי עֶלְיוֹן
מִמֶּלֶךְ מַלְכֵי הַמְּלָכִים הַקָּדוֹשׁ בָּרוּךְ הוּא
צֵאתְכֶם לְשָׁלוֹם מַלְאֲכֵי הַשָּׁלוֹם מַלְאֲכֵי עֶלְיוֹן
מִמֶּלֶךְ מַלְכֵי הַמְּלָכִים הַקָּדוֹשׁ בָּרוּךְ הוּא

YA RIBON III

Gently

Arr: M. Barash

Text see page 33

PROK YAS ONOCH

Text: From Ya Ribon

Modzitz
Arr: V. Pasternak

פְּרוֹק יַת עָנָךְ מִפּוּם אַרְיָוָתָא
וְאַפֵּיק יַת עַמָּךְ מִגּוֹ גָּלוּתָא
עַמָּךְ דִּי בְחַרְתְּ מִכָּל אֻמַּיָּא.

Save Your flock from the lion's jaws; free your people from captivity, Your people chosen from all nations.

M'CHALKEL CHAYIM

M. Wohlberg

מְכַלְכֵּל חַיִּים בְּחֶסֶד מְחַיֵּה מֵתִים בְּרַחֲמִים רַבִּים, סוֹמֵךְ נוֹפְלִים וְרוֹפֵא
חוֹלִים וּמַתִּיר אֲסוּרִים וּמְקַיֵּם אֱמוּנָתוֹ לִישֵׁנֵי עָפָר מִי כָמוֹךָ בַּעַל גְּבוּרוֹת
וּמִי דוֹמֶה לָּךְ מֶלֶךְ מֵמִית וּמְחַיֶּה וּמַצְמִיחַ יְשׁוּעָה.

You sustain the living with kindness, and revive the dead with great mercy; you support all who fall, and heal the sick; you set the captives free and keep faith with those who sleep in the dust. Who is like you Lord of power? Who resembles you, O King? You bring death and restore life and cause salvation to flourish.

V'ENENU

Satmar Nigun
Arr: S. Silbermintz

Shacharit liturgy

Joyously

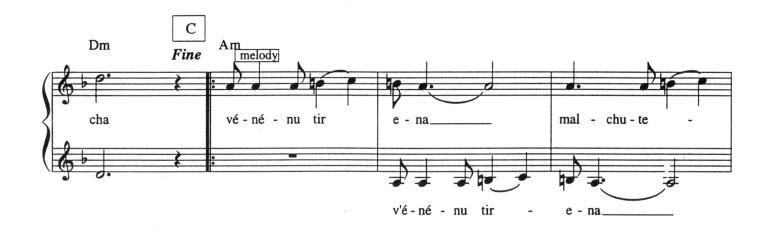

וְעֵינֵינוּ תִרְאֶינָה מַלְכוּתֶךָ,
כַּדָּבָר הָאָמוּר בְּשִׁירֵי עֻזֶּךָ,
עַל יְדֵי דָוִד מְשִׁיחַ צִדְקֶךָ.

May our eyes behold Your kingdom as it is said
in Your glorious Psalms by David Your righteous
anointed.

92

SIM SHALOM III

D. C. al 𝄌
nu sim sha - lom to - rat ḥa - yim v' - a - ha - vat ḥe - sed v' -
nu sim sha - lom to - rat ḥa - yim v' - a - ha - vat ḥe - sed v' -
a - ha - vat ḥe - sed u - ts' - da - ka uv - ra - ḥa v' -
a - ha - vat ḥe - sed u - ts' - da - ka uv - ra - ḥa v' -
D. C. al 𝄌
ra - ḥa - mim v' - ḥa - yim v' - sha - lom v' - tov v' - tov b' -
ra - ḥa - mim v' - ḥa - yim v' - sha - lom v' - tov v' - tov b' -
é - ne - ḥa l' va - réḥ et am - ḥa Yis - ra - él b' -
é - ne - ḥa l' - va - réḥ la - va - réḥ et am - ḥa Yis - ra - él b' -

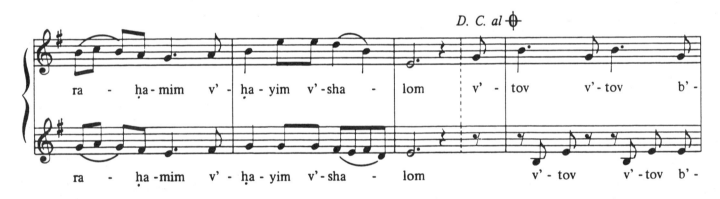

שִׂים שָׁלוֹם טוֹבָה וּבְרָכָה חֵן וָחֶסֶד וְרַחֲמִים עָלֵינוּ וְעַל כָּל יִשְׂרָאֵל עַמֶּךָ
בָּרְכֵנוּ אָבִינוּ כֻּלָּנוּ כְּאֶחָד בְּאוֹר פָּנֶיךָ כִּי בְאוֹר פָּנֶיךָ נָתַתָּ לָנוּ יְיָ אֱלֹהֵינוּ
תּוֹרַת חַיִּים וְאַהֲבַת חֶסֶד וּצְדָקָה וּבְרָכָה וְרַחֲמִים וְחַיִּים וְשָׁלוֹם וְטוֹב
בְּעֵינֶיךָ לְבָרֵךְ אֶת עַמְּךָ יִשְׂרָאֵל בְּכָל עֵת וּבְכָל שָׁעָה בִּשְׁלוֹמֶךָ.

O grant peace, happiness, blessing grace, kindness and mercy to us and to all Israel Your people. Bless us all alike, our Father with the light of Your countenance; by the light of Your countenance You have given us a Torah of life, lovingkindness, charity, blessing, mercy, life and peace. May it please you to bless Your people with peace at all times and hours.

ETS CHAYIM HI

Torah Service
Proverbs 4:2, 3:18, 3:17

T. Portnoy
Arr: S. Silbermintz

Moderately, with feeling

It is a tree of life to those who take hold of it, and happy are those who support it. Its ways are ways of pleasantness, and all its paths are peace. Turn us to you, O Lord and let us return; renew our days as of old.

כִּי לֶקַח טוֹב נָתַתִּי לָכֶם תּוֹרָתִי אַל תַּעֲזֹבוּ
עֵץ חַיִּים הִיא לַמַּחֲזִיקִים בָּהּ וְתֹמְכֶיהָ מְאֻשָּׁר
דְּרָכֶיהָ דַרְכֵי נֹעַם וְכָל נְתִיבוֹתֶיהָ שָׁלוֹם

HASHIVENU

Slowly with feeling

E. Kranzler
Arr: V.P.

Ha - shi - vé - nu Ha - shem____ é - le - cha é - le - cha

Ha - shi - vé - nu Ha - shem____ é - le - cha é - le - cha

v' - na - shu - va-____ cha - désh cha - désh

cha - désh ya - mé - nu cha - désh ya - mé - nu k'-

ke - dem _____ ke - dem

הֲשִׁיבֵנוּ ה׳
אֵלֶיךָ וְנָשׁוּבָה
חַדֵּשׁ יָמֵינוּ כְּקֶדֶם:

Turn us to You, O Lord and let us
return. Renew our days as of old.

98

YOM ZE L'YISRAEL III

Arr: M. Barash

This day is for Israel
A day of light and gladness,
The Sabbath of rest.

יוֹם זֶה לְיִשְׂרָאֵל אוֹרָה וְשִׂמְחָה שַׁבָּת מְנוּחָה. צִוִּיתָ פִּקּוּדִים בְּמַעֲמַד סִינַי,
שַׁבָּת וּמוֹעֲדִים לִשְׁמוֹר בְּכָל שָׁנַי, לַעֲרוֹךְ לְפָנַי מַשְׂאֵת וַאֲרוּחָה שַׁבָּת
מְנוּחָה.

99

NA'ARITSCHA

Na - - - rits' - ḥa v'- nak - dish - ḥa k'-
sod - - si - aḥ sar - fé_ ko - desh ha - mak - di -
shim shim - ḥa ba - ko - desh ka - ka - tuv al yad n'- vi - e -
ḥa v'- ka - ra___ ze el - ze v' - a - mar.

נַעֲרִיצְךָ וְנַקְדִּישְׁךָ כְּסוֹד שִׂיחַ שַׂרְפֵי קֹדֶשׁ הַמַּקְדִּישִׁים שִׁמְךָ בַּקֹּדֶשׁ כַּכָּתוּב
עַל יַד נְבִיאֶךָ וְקָרָא זֶה אֶל זֶה וְאָמַר.

We revere and sanctify You in the words of the assembly of holy
seraphim who hallow Your name in the sanctuary, as it is written by
Your prophet: "They keep calling to one another:

K'VODO

K'- vo - do_ ma - lé_ o - lam m'- shar - tav sho - a - lim ze la-
ze k'- vo - do_ ma - lé_ o - lam m'- shar - tav sho - a - lim ze la

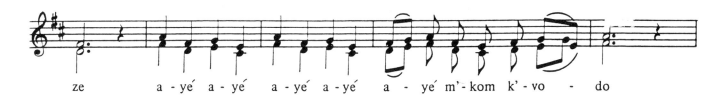

ze a - yé a - yé a - yé a - yé a - yé m'-kom k'-vo - do
a - yé a - yé a - yé a - yé a - yé m'-kom k'-vo - do.

כְּבוֹדוֹ מָלֵא עוֹלָם מְשָׁרְתָיו שׁוֹאֲלִים זֶה לָזֶה אַיֵּה מְקוֹם כְּבוֹדוֹ

His glory fills the universe; his ministering angels ask one another: "Where is his glorious place?"

MIMKOMO

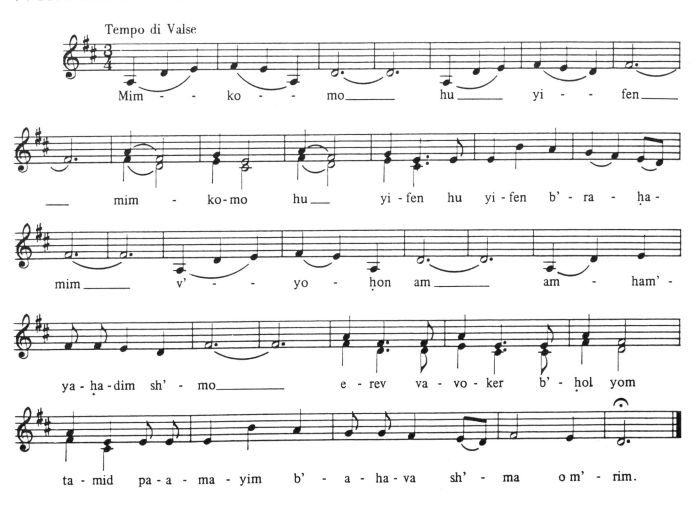

Tempo di Valse
Mim - - ko - - mo hu yi - - fen
mim - ko-mo hu yi - fen hu yi - fen b' - ra - ḥa -
mim v' - - yo - ḥon am am - ham' -
ya - ḥa - dim sh' - mo e - rev va - vo - ker b' - ḥol yom
ta - mid pa - a - ma - yim b' - a - ha - va sh' - ma o m' - rim.

מִמְּקוֹמוֹ הוּא יִפֶן בְּרַחֲמִים וְיָחוֹן עַם הַמְיַחֲדִים שְׁמוֹ עֶרֶב וָבֹקֶר בְּכָל יוֹם
תָּמִיד פַּעֲמַיִם בְּאַהֲבָה שְׁמַע אוֹמְרִים.

From His abode may he turn with compassion and be gracious to the people who acclaim his Oneness evening and morning, twice every day and with tender affection recite the Shema—

YISM'CHU

Hassidic
Arr: R. Neumann

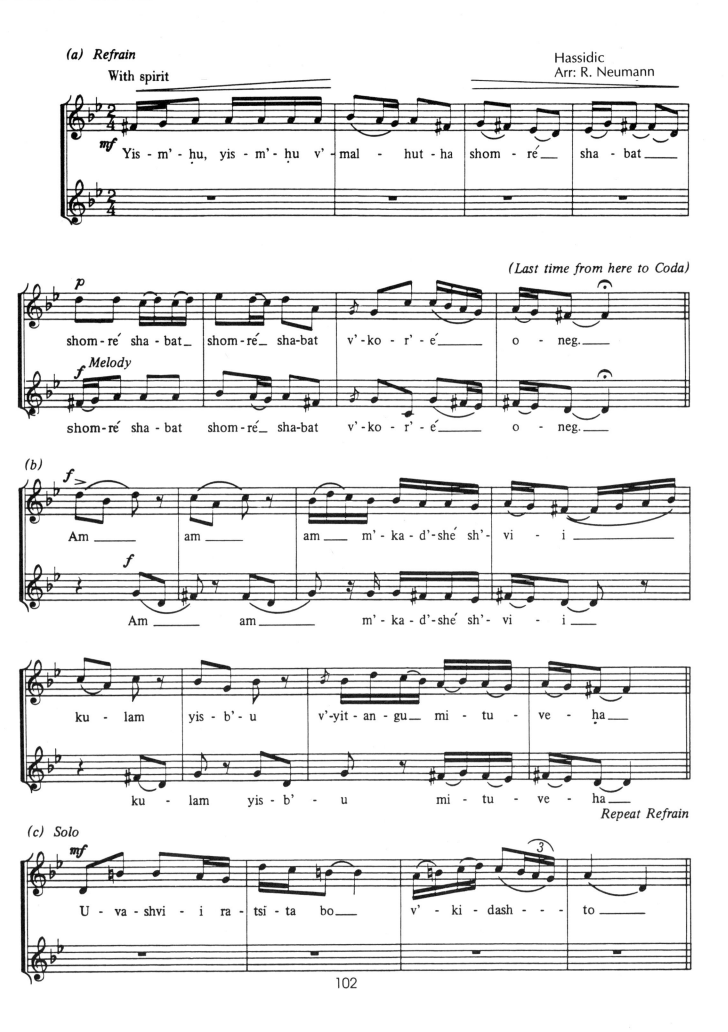

יִשְׂמְחוּ בְמַלְכוּתְךָ שׁוֹמְרֵי שַׁבָּת וְקוֹרְאֵי עֹנֶג עַם מְקַדְּשֵׁי שְׁבִיעִי כֻּלָּם יִשְׂבְּעוּ
וְיִתְעַנְּגוּ מִטּוּבֶךָ, וּבַשְּׁבִיעִי רָצִיתָ בּוֹ וְקִדַּשְׁתּוֹ חֶמְדַּת יָמִים אוֹתוֹ קָרָאתָ זֵכֶר
לְמַעֲשֵׂה בְרֵאשִׁית.

Those who keep the Sabbath and call it a delight shall rejoice in your kingdom;
all the people who hallow the seventh day shall fully enjoy your goodness. You
were pleased with the seventh day and hallowed it; you called it the most
desirable of days — in remembrance of the creation.

NIGUN 1

Moderately
Gm Dm Gm
Ai di di-di dai di di di dai dai dai . . . .
A7 Gm A7 Dm
ai di di-di . .
Gm A7 Dm C7 F CF
ai di di-di . . .
Dm Gm Dm F
ai . .
C Dm Gm A7 Dm
ai . .

NIGUN 2

NIGUN 3

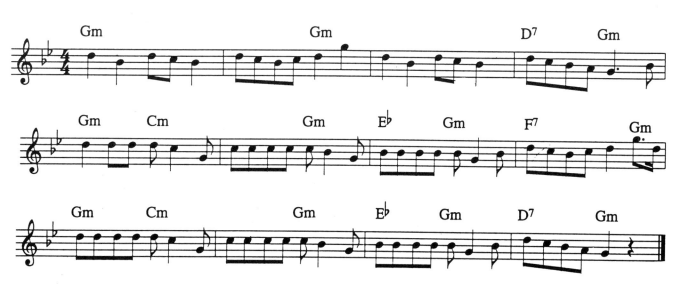

NIGUN 4

Adagio
Chabad
Dm A Dm A
Dm A Dm Gm7 A7 Dm
Gm A
Dm Gm Dm Gm Dm Gm A7
Dm Fine Dm E Am E Am
E 1. E Am Dm 2. A
D.S. al Fine

NIGUN 5

Moderately

Chabad

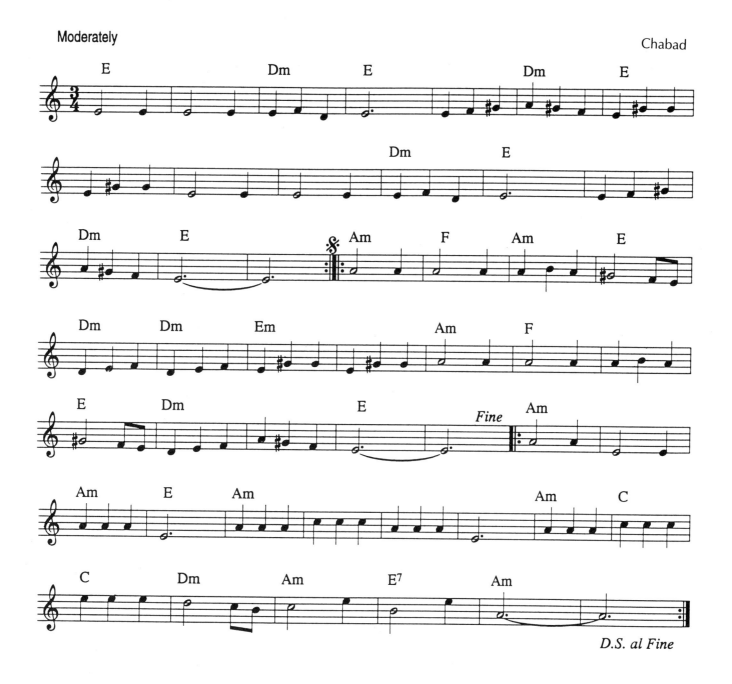

NIGUN 6

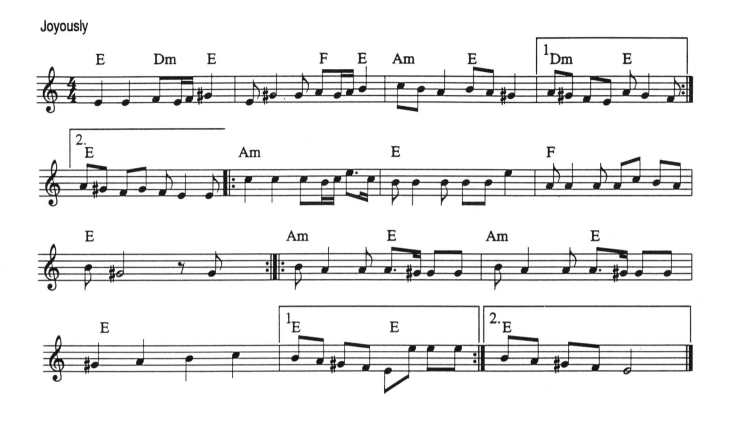

Joyously

NIGUN 7

Allegro

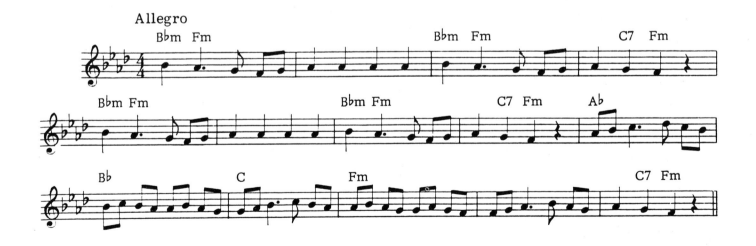

NIGUN 8

Y. Talmud
Arr: V. Pasternak

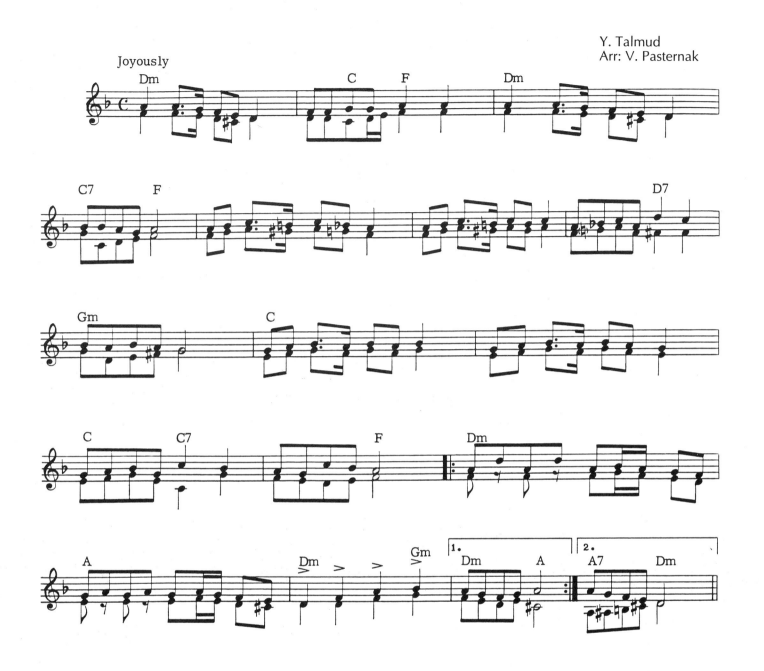

NIGUN 9

Allegro moderato

NIGUN 10

Rabbi S. Carlebach

Moderately fast

NIGUN 11

Rabbi S. Carlebach

Lively

NIGUN 12

Vivace

Rabbi S. Carlebach

ALPHABETICAL INDEX